籐編みのかご

籐かご教室「紡ぎ」の

朝日新聞出版

籐かご教室「紡ぎ」のこと

福岡県にある籐かご教室「紡ぎ」。
ここは柴田典子さん、娘の麻理子さん、美佐子さんが、親子3人で主宰する籐かご作りの工房兼教室です。

2007年の1月。
「紡ぎ」の歩みは天神駅にほど近い桜坂のかおり荘から始まりました。当時のかおり荘は布屋さんやカフェなどが入った古いアパートで、「紡ぎ」はここで新しい一歩を踏み出します。人と人をつなぐ縁を紡いでいきたい。その想いのとおり、教室には多くの人たちが集い、籐かご作りの輪が広がっていきました。やがてかおり荘は建て替えのときを迎え、「紡ぎ」の舞台は峠を越えて飯塚へ。麻理子さんは京都でも教室を行うようになります。

そして、今。飯塚の教室の外に広がるのは、緑豊かな山並みと広々とした田園。36年余り講師を続けている典子さんの、籐との長い暮らしが刻まれた土地です。ここで母と娘が提案する「紡ぎ」の籐かごは、親子2世代の垣根を超え、どちらの暮らしにも似合う籐かごの素敵な使い方を教えてくれます。懐かしいのに、新しい。そのさじ加減の妙が「紡ぎ」の魅力になっているのでしょう。

材料は籐の中でも比較的手に入りやすい「丸芯」。教室を巣立ち、一人になっても、遠く離れても、覚えたことを継続して続けられるようにと典子さんが考えたこだわりです。

籐かごは眺めるものではなく、使うもの。
慈しんで育てていくもの。
きちんと編んだかごは容易に壊れるものではありせん。

それが「紡ぎ」が伝える籐かごです。

✧✧✧ Contents

籐かご教室「紡ぎ」のこと ⋯⋯ 6

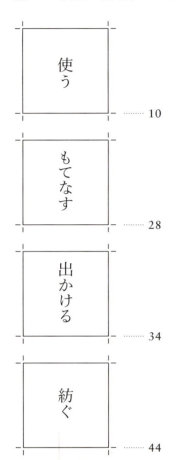

使う ⋯⋯ 10

もてなす ⋯⋯ 28

出かける ⋯⋯ 34

紡ぐ ⋯⋯ 44

かごを編む前に

籐(丸芯)のこと ⋯⋯ 54
用意する道具 ⋯⋯ 56
編み始める前に ⋯⋯ 58
かごの構成 ⋯⋯ 60
籐編みのテクニック ⋯⋯ 61
　一般的な構え方
　きれいな組み方
　竪芯の揃え方
　直径の測り方
　編み糸の継ぎ方
　エンマの使い方
　目打ちの使い方
仕上げ方 ⋯⋯ 65
籐の収納 ⋯⋯ 67
籐編みの用語 ⋯⋯ 68

※P.10〜49は籐作品の使い方を提案しています。そのため、すべての作品の作り方は紹介していません。作り方がある作品は、**A.リング　作り方_P.74** のように表記しています。

かごの作り方

Step 1
- A. リング ……… 74
- B. ネックレストップ ……… 76

Step 2
- C. 小皿 ……… 78
- D. 中皿 ……… 86
- E. 大皿 ……… 90

Step 3
- F. 花プレート（小）……… 94
- G. 花プレート（大）……… 96
- **Column** リース ……… 97
- H. 花針さし ……… 98
- I. 丸針さし ……… 100
- J. 弁当かご ……… 104
- K. 飾りかご ……… 110
- L. 小物入れ ……… 114
- M. ごみばこ ……… 115
- N. ふたつきかご（ふた）……… 116
- O. ふたつきかご（下かご）……… 117
- P. なべしき ……… 118
- Q. どんぐりかご ……… 122
- R. おしぼり置き ……… 126
  - **Arrange** かんざし ……… 128
  - マジェステ ……… 128
  - ヘアゴム ……… 128
- S. 買い物かご ……… 130

Information ……… 140

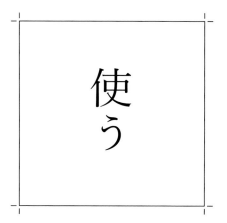

　竹やあけび、ぶどうなど、いろいろな天然素材のかごは、昔から暮らしのさまざまな場面で使われてきました。とれたての野菜や果物を盛ったり、食器を収納したり、物を運んだり、仕分けをしたり。けっして特別なものではなく、生活道具としていつも身近にありました。籐かごもまたその一つです。

　今は人々の生活様式や住環境が多様になり、それに合わせて安価で便利な日用品も増えました。自宅に籐かごがある人も、少ないかもしれません。

　でも物があふれる今の時代だからこそ、必要なものを選んで長く使う、そんな暮らし方も悪くないなと思うのです。籐かごは、使う人が抱いた「こんなものが欲しい」という発想から生まれた道具。軽くて、通気性がよく、用途に応じて形も大きさも自由に作ることができます。夏はさらり、冬でも冷え切ることのない植物ならではの優しい手触りも魅力です。

　たとえばテーブルに、たとえばバスルームに。使い道は自由です。温もりあふれる籐かごを日々の暮らしに加えるだけで、きっと心がいやされるはずです。

カフェタイムは籐かごを北欧食器と合わせて。主役のスイーツは浅めのかごに丸い台を編み足したケーキスタンドに。ポットの下にはなべしきを。籐かごは汚れても水洗いして干せば、再びきれいに使うことができます。だからこそ、食べ物や食器をのせても安心。

P.なべしき 作り方_P.118

足つきかごはちょっとしたディスプレイに
ぴったり。アクセサリーや記念の小物などを
入れて飾っても。

左／一人でもコースターを。凛とした清潔感が生まれます。使用したのは十字組みの花プレート（小）。初心者でも編みやすいアイテムです。いくつか作ってお客さまのおもてなしにも。

F. 花プレート（小）　作り方_P.94

右／素朴な籐の小物はどんな食器にも合わせやすいのがうれしい。それでも迷うときは、白の食器にリネン。運ばれてくるお料理が華となって引き立ちます。

こちらはこげ茶に染めたなべしき。シックな色にすることで、使い込んだ器や家具とも相性がよくなります。スタートを井桁組みにして中央の厚みを均等にしています。焦げたり、染みがついてから、染めてみるのもおすすめです。

染め方_P.66

旬の果物で季節を感じる。単純なことですが、暮らしの豊かさというのは、そんな些細なことの積み重ねのような気がします。感じるのはまず目から。ぶどうを盛ったかごは底に板を使った安定感のあるタイプで、側面の湾曲した立ち上がりが印象的。いちご、いちじく、栗にみかん。四季に応じて盛るものが変わっても、このかごはその都度、詩情あふれるシーンを楽しませてくれます。

うろこ止めの中皿には焼き菓子やパンなどをのせても。直径は約20cm。籐で編む作品としては最もベーシックなデザインです。難しい技法はありませんが、あなどるなかれ。編み目を最後まで均等にきっちり編めるようになると、仕上がりに格段の差がつきます。汚れが気になるときは、同サイズのガラス皿を上に重ねて使っても素敵です。

D. 中皿　作り方_P.86

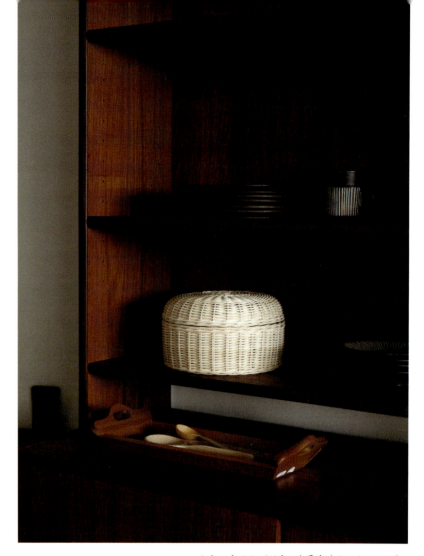

「紡ぎ」では、春に桑の葉茶をよく作ります。かごに入れているのは自宅の庭から摘んできた桑の葉。ワンハンドルにすると、持ち手をつかんだままでも物の出し入れがしやすく、体の脇で提げても片手で持ちやすくなります。入れ口は二重の三つ編み止めで飾りました。

ふたつきのかごはとても重宝するアイテムです。通気性があるうえにほこりがかからないので、食品や食器、ふきんなどの収納にとても適しています。飾りを削ぎ落とした分、際立つのは下かごとふたの竪芯がピタリと合う直線の美しさ。シンプルでモダン。実用的でも麗しく。このかごは年齢や性別に関係なく、長く使い続けられると思います。

N. ふたつきかご（ふた）　作り方_P.116
O. ふたつきかご（下かご）　作り方_P.117

教室でお茶を振る舞うときにも、そのままテーブルに。湯呑みは福岡県朝倉に窯元がある小石原焼。「とびかんな」と呼ばれる独特の模様が素敵で手に入れました。下かごとふたの直径は同寸。ふたはそのままトレイの代わりとしても使えます。あわじ結びのおしぼり置きと一緒にどうぞ。
※湯呑みは小石原焼福嶋運窯・福嶋秀作氏作。

R. おしぼり置き 作り方_P.126

布をほどくのが楽しみな弁当かご。大人になってもそのワクワク感は変わりません。この弁当かごは丸底のかごに布を縫いつけて持ち手にします。パンならワックスペーパー、おにぎりなら経木を敷いて詰めてみてください。布を縫いつけやすくするように、かごの側面には矢羽根編みで針を通す隙間を作っています。

J. 弁当かご 作り方_P.104

鍵と財布とハンカチを入れるだけのちょっとしたお出かけなら、かごバッグとして使っても。かごの底はゆるやかにカーブしていて、とても優しい印象です。持ち手の布は雰囲気のあるリネン地などを選ぶと、ナチュラルなワードローブとも似合います。
※弁当かごの布部分の制作は、手芸デザイナー・西山眞砂子さんにご協力いただきました。

G. 花プレート(大) 作り方_P.96

籐の編み地はどれも表情豊かです。皿やプレートは、深さのあるかごでは底になる編み始めさえもデザインの要です。

一輪ざしなら小サイズ。直接パンをのせるなら大サイズ。いくつか並べて銘々盆にしても。人それぞれの使い方が浮かんでくる、平たい花プレート。井桁組みのサイズ違いです。

1枚あるだけでサマになるうろこ止めの籐皿。
この皿は井桁組み、P.20の籐皿は米字組み。

うず編みと素編みを組み合わせた浅かごは、シンプルですがとても使いやすいアイテム。機能美を備えた道具には品があります。

冬なら琺瑯のケトル、夏ならガラスのピッチャー。籐のなべしきは一年中出番がある働き者。うず編みは、かごの底を編むときの基礎にもなります。

P.なべしき 作り方_P.118

人の暮らしは十人十色。欲しいものも人それぞれ。その望みに寄り添える柔軟さがあるからこそ、籐は昔から親しまれてきました。たとえば、籐のリングをつなぎ合わせたのれん。今様のインテリアにもすっと溶け込みます。

A. リング　作り方_P.74

暮らしになじむ、籐

針さしは「紡ぎ」のワークショップでも人気があるアイテムです。丸い針さしは堅芯を7本にすることで、小さくてころんとした形になりました。花のような針さしはスカラップ止めを縁飾りに。針山のクッションはかごの大きさに合わせてお好みで。

H. 花針さし(上2つ) 作り方_P.98
I. 丸針さし(下) 作り方_P.100

かごはよく使うもの、しまい込んでおけないものの収納が得意です。ちょっとしたソーイングセットを何気なく入れておくだけでもかわいい。この飾りかごは手にのるサイズなので、どこにでも気軽に置くことができます。縁飾りがある分、少し深めの造りです。

K. 飾りかご 作り方_P.110

ちょっと大きめのかごで出番が多いのは、ごみばこ。床に置いて安定感があるベーシックなサイズです。でも、人によって使い方はまちまち。くるくる巻いたラグの収納にしたり、花びんを入れて花を生けたり。思いもよらない新しい使い道と出合うたび、まだまだ籐かごが持つ可能性を感じずにはいられません。このごみ箱は、P.18の弁当かごやP.23の飾りかごのアレンジです。堅芯の本数を多くして、高さをつけました。入れ口側が少し広めなので、なだらかな逆台形のフォルムになっています。編み方を一つずつきちんと覚えることで、作れるアイテムの幅が広がるのも籐かご作りの面白さ。次はこんなのが欲しい。そんな気持ちがかご作りの原動力です。

M. ごみばこ 作り方_P.115

かごは月日とともに色の深みが増し、艶が出てきます。だからこそ長く使うためには「丁寧に使う」ではなく、「丁寧に編む」ことが大事。きちんと編んだ籐かごは、少々乱雑に扱っても頑張って働いてくれます。自宅の脱衣かごも年代もの。いい色になりました。

身のまわりに、ひとつ。

上/「紡ぎ」では「二重かご」と呼んでいるトレイ。なめらかな流線形をしたモダンな籐かごです。鍵やアクセサリー。迷子になりがちなアイテムの定位置に。
下/中途半端に残った籐はアロマスティックとして再利用。玄関、リビング、サニタリー。人の出入りがある場所にさりげない香りのアクセントを。

上／長方形のふたつきかごは収納箱としてはもちろん、食卓のカトラリー入れ、弁当箱としても使えます。ふただけ単独でトレイや飾り台にもなります。
下／生活感がある日用品のストックにもかごはおすすめ。清潔にしておきたい洗面所の整理にも重宝します。中身が気になるなら、目隠しにふわっと布をかけて。

L. 小物入れ　作り方_P.114

使い道、あれこれ。

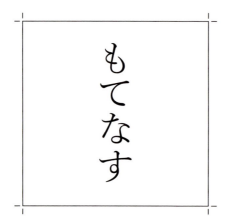

もてなす

　普段の食器やお菓子に籐のニュアンスを加えるだけで、テーブルに特別感が生まれます。多分、それはきれいに編まれた籐のキリリとした佇まいが、和でも洋でもない特別な世界観を作るからだと思います。籐のトレイにきちんと一人分ずつお茶をセットしたり、ラッピングしたお菓子を籐皿でサーブしたり。あえて上にのせるものは小さくして、空間を生かすというコーディネートも粋な演出。おもてなしのテーブルを作るコツは、ほんのちょっとしたことなんです。

　時間があるときには、皿やトレイを数人分、編んでおくのもいいですね。不意のお客さまのときでも、数が揃っているだけできちんとした雰囲気になるからです。

　そして、そこにもう一つプラスしたいのが、小さな花のあしらい。豪華な花より、ちょこちょこと気負いなく置かれた花のほうが心が和むような気がします。クリスマスやお正月のようなイベントのときはリースもおすすめ。

　どちらも小さなかごや余った籐を上手に利用できるので試してみてください。

大きなかごに生けたのは、庭先のシルバーオリーブ。ときには木の枝を使った大胆な飾りつけも新鮮です。部屋に置くなら、P.24のごみばこを利用しても。

上／魚籠(びく)のようなかごに小びんを入れて一輪ざしに。お出迎えの花は愛らしく、いくつか並べて飾ります。
下／持ち手つきの小さなかごに、クレマチスを長いまま無造作に生けました。大人っぽいインテリアでまとめるときは、アクセントになる花を一輪。わびさびを感じる和の趣を意識して。

クリスマス

ジングルベルの音楽が街に流れ出す頃。毎年、クリスマス用に教室のみんなで作るのがリースです。飾る花やグリーンを「紡ぎ」の裏山から摘んでくるのも楽しみの一つ。中途半端に残った籐や編むには不向きなかたさの籐を丸めて土台にし、ユーカリの葉や実、針葉樹の枝、ドライフラワーなどを麻ひもでくくりつけます。

リース 作り方_P.97

お正月

年末年始は一年の中でも、最も来客が多い時期。市販の立派なお飾りもよいけれど、松や南天、水引などでおめかししたシンプルなリースも、これはこれでよいものです。籐のリースは軽いのでドアなどにも手軽に吊るすことができます。切り花はストックを水につけておいて、しおれたら差し替えて。

リース 作り方_P.97

出かける

　いくつあっても困らないのが、持ち手つきのかご。ポンポンと荷物を入れて、気取らずラフに持てるのでとても重宝します。教室でも誰もが一度は作るアイテムで、欲しいといわれるデザインは見事なまでに千差万別。多分、使う目的や自分の洋服との組み合わせを想像しやすいからでしょう。そんな頭の中のイメージを形にするのが、このかごを作る醍醐味でもあるのです。籐のかごは経年変化で深みのある飴色に変わっても、壊れることはほとんどありません。材料も籐だけなので、万が一、壊れてもすぐ直すことができます。この安心感はなによりの魅力です。

　もちろん、思い通りに仕上げるには覚えておかなければならない技法がいくつかあります。これはどうしても避けては通れない道。だから初心者の方はどうかあせらず、小物からステップアップしてください。急がば回れ。実はこれが一番の近道なんです。

　もう少し気軽に籐を身につけて出かけたいという人にはアクセサリーはいかがでしょうか。ちょっとした贈り物にしても喜ばれます。

定番の買い物かご。ただ置いておくだけでも絵になる存在感があります。街歩きに丁度いい軽くて小ぶりなサイズ。真横から見ると持ち手が内側に向かって八の字になっているのがわかります。持ちやすくするためのちょっとしたこだわりです。

S. 買い物かご 作り方_P.130

籐のアクセサリーはとても繊細です。バレッタ、バングル、ピアス、ネックレス、ヘアゴム。使う籐はかごを編むものより少し細め。だから1本ごとの流れるようなラインに女性らしさが生まれます。カラフルな色に染めると、また新しい表情を見せてくれたりして。板底の浅めのトレイを入れものにしました。

B. ネックレストップ 作り方_P.76、**ヘアゴム** 作り方_P.128

小さなあわじ玉にピアス金具をつけました。

流れるように絡み合う籐が印象的なバングル。

あわじ結びのマジェステはグレーを効かせて大人っぽく。
かんざしはナチュラルにはんなりと。

マジェステ、かんざし 作り方_P.128

舟形のかご。幅広の入れ口がゆがまないように、巻き止めで仕上げています。丸みを帯びた優しい形なので、ふんわりしたスカート姿にもよく似合います。

長方形のかご。底からの立ち上がりは、3本なわ編みの根締めでしっかり固定。シャープな趣のかごは、いつものパンツスタイルを垢抜けて見せてくれます。置いたときの安定感もうれしい。

扇形のかご。左右の入れ口が傾斜しているので物の出し入れも楽ちんです。独特のシルエットを装いのアクセントに。

丸いアクセサリー。短時間で作れる籐のリングをネックレストップにしました。涼やかな印象ですが、濃い色に染めれば秋冬のシックな服にも似合います。手触りのなめらかな質のよい籐を選ぶと品よく仕上がります。

B. ネックレストップ　作り方_P.76

どんぐりかご。これは籐かご教室「紡ぎ」ができたとき、「紡ぎ」のマークとして判子にしたり、看板に描いたりした思い入れのあるかごです。ころんとした形は幼い頃から何度も拾ったどんぐりをイメージ。遊び心があるおしゃれな装いに組み合わせて。
※この本では底が十字組みのものを紹介しています。

Q. どんぐりかご 作り方_P.122

紡ぐ

籐かごは指の感覚で編むもの。
こればかりは言葉で説明しても、見本を見せてもなかなか伝わるものではありません。実際に自分で作ってみて、「ああ、こういうことか」と感じることがとても大切なのです。「こういうことか」を積み重ねるていくと、自分のしていることを「これでいいんだ」と判断できるようになります。失敗したって大丈夫。原因を考えて工夫するから、もっとうまく編めるようになります。間違えてもあきらめず編み直せばいいんです。そう考えると、籐かご作りは縦糸と横糸が織りなす人生にどこか似ているような気もします。

籐かごには「見せる」ための華やかな技法がたくさんあります。作ることが楽しい時期は、そんな編み方ばかり試したくなることもあるでしょう。でも、ひと息ついて自分が使うかごを見回すと、意外とシンプルでベーシックなものが多かったりします。どんなものが欲しいか、どんな形にしたいか。籐という自然の恵みを愛し、作る人と籐かごのイメージを相談しながら形にしていくのが、「紡ぎ」の教室です。

籐かご教室「紡ぎ」のスタート地点になったかおり荘での写真。誰からも「お母さん」と呼ばれ、親しまれている典子さんは、籐かご作りを始めて36年余りになる籐工芸の担い手です。農家に生まれ、暮らしで使うさまざまな手作りに囲まれて育ちました。生きることは作ること。ご飯も、身の回りの道具も、洋服も。籐工芸家の長谷川正勝氏に師事。昭和57年には長谷川工芸会講師の免許を取得し、今日も笑顔で教室を続けています。

撮影_photo office overhaul 大塚紘雅

典子さんのお母様が生前、通院や買い物に愛用していた皮籐のかご。典子さんが籐編みの勉強中、市販の本を見て自分の分とお揃いで作った思い出の品だそう。深みのある艶とこっくりとした色に、長い年月を感じます。

母親とともに「紡ぎ」を支えるのが、2人の娘さん。この籐の帽子は30年前に、まだ籐編みを始めた頃の典子さんが本を見ながら娘さんたちのために作ったもの。2人はこんなふうに幼い頃から籐に囲まれ、物作りの尊さを肌で感じて育ちました。今はまだ人生の岐路に立つたび、籐編みから離れざるをえないこともありますが、子育ての合間に触れる籐に心がほっとするのだといいます。姉妹もまた籐を次の世代へ紡ぐ人。

今、この帽子をかぶっているのは、お孫さん。帽子の色は飴色に変わりましたが、傷んでいるところはどこにもありません。こんなふうにさりげなく、籐編みの種は小さな子どもたちの世代にもしっかりと根づいています。

10年ほど前、典子さんがお孫さんたちのためにリメイクしたベビーベッド。流れるような縁のカーブにこだわってデザインしました。かご部分は取り外しできるようになっています。

庭先で芽の出たそら豆を見てひらめいた籐のガラガラ。お孫さんたちも使った品です。ニスを塗っていないから舐めても平気。

すべては

ここから

かごを編む前に

本章では作品に使用した籐（丸芯）の説明と基本的な技法をまとめました。初めて籐を編む人の手助けになればと思います。技法名の中には「紡ぎ」の教室で使われている独自の名称もあります。編み始める前の準備や収納の仕方などの知識も、籐編みを長く楽しむために役立ててください。

籐(丸芯)のこと

本書のかご編みに使用した籐(丸芯)について説明します。

籐について

籐は熱帯雨林地域の東南アジア(インドネシア、マレーシア、タイなど)に自生するヤシ科ツル性の植物です。成長が早く、しなやかで折れにくいのが特徴。軽くて通気性がよいため、昔からかごや家具に使用されてきました。材料として日本に輸入される籐は、材質や加工の仕方によってさまざまな種類に分けられます。表皮がついたままの丸籐、丸籐の表皮を薄く引いた平たい皮籐などはその一例です。

丸芯について

丸芯は丸籐の中心部分だけをひご状に丸く引いたものです。かたい表皮を取り除いているのでやわらかく、とても編みやすい籐です。太さは1mm〜10mmまでありますが、天然素材のため、1本ごとのかたさや長さは一定ではありません。色は素材そのままのものと、漂白されたものに大別されます。本書で作り方を紹介しているかごは、すべてこの丸芯を使用しています。

✛ 本書のかごには太さ2〜2.5mmの丸芯がおすすめ

本書で作り方を紹介しているかごは太さ2mm、または太さ2.5mmの丸芯で編んでいます。初心者でも編みやすい太さなのはもちろん、そうすることで柱になる竪芯(P.60)の理想的な間隔を覚えやすくしました。ちなみに太さ2mmの場合は竪芯の間隔が2cm、太さ2.5mmの場合は竪芯の間隔が2.5cmになるのが目安になります(かごの形によってはこの限りではありません)。

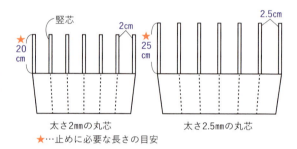

太さ2mmの丸芯 / 太さ2.5cmの丸芯
★…止めに必要な長さの目安

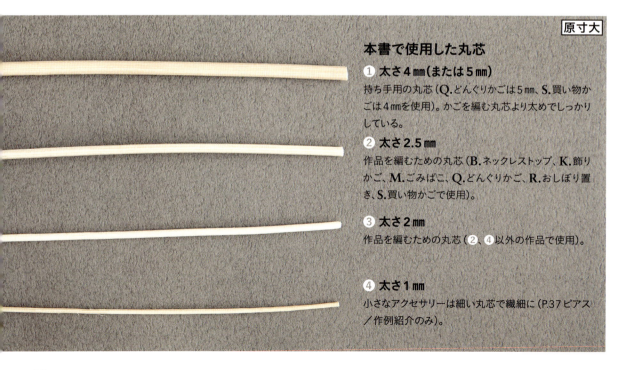

本書で使用した丸芯

❶ 太さ4mm(または5mm)
持ち手用の丸芯(Q.どんぐりかごは5mm、S.買い物かごは4mmを使用)。かごを編む丸芯より太めでしっかりしている。

❷ 太さ2.5mm
作品を編むための丸芯(B.ネックレストップ、K.飾りかご、M.ごみばこ、Q.どんぐりかご、R.おしぼり置き、S.買い物かごで使用)。

❸ 太さ2mm
作品を編むための丸芯(❷、❹以外の作品で使用)。

❹ 太さ1mm
小さなアクセサリーは細い丸芯で繊細に(P.37ピアス/作例紹介のみ)。

作るアイテム、
用途に合わせて
使い分けます

太さ別に束にした丸芯です。❷、❸のような形で販売されているのが一般的です。太さは作る作品をイメージしながら選びましょう。

用意する道具

「紡ぎ」の教室で使っている籐編み用の道具を紹介。
揃えるものが少なくてすむのも魅力の1つです。

❶ メジャー
寸法を測るときに使う。長さ2mくらいのストッパーつき金属製メジャーがおすすめ。水平方向はもちろん、床から垂直に高さを測るときも扱いやすく、コンパクトに収納できる。

❷ 霧吹き
製作途中で乾燥した丸芯を湿らせるときに使う。スプレーした水がきれいに霧状に広がるものが望ましい。

❸ ハサミ
材料を切るときに使う。編み地の隙間に入る曲刃(まがりば)のとがったよく切れるハサミがおすすめ。

❹ エンマ
丸芯を挟んで繊維をつぶしたり、折りぐせをつけるときに使う。籐用のエンマを使うとよい。

❺ 目打ち
竪芯の脇や間に差し込んで隙間を作るときに使う。増し芯、手芯を足すときに。

❻ カッター
太い丸芯の先を削るときに使う。

❼ 作業台

丸芯を編むときに使う。丸芯を平面に編むとき（皿やかごの底など）、作業台の縁を利用する場合もある。直径30cmくらいの丸台か、正方形の台がおすすめ。テーブルで作業するときはテーブルの縁を上手に利用して。

❽ バケツ

乾いている丸芯を水に浸すときに使う。1束の直径が約30cmあるので、これよりも広めのバケツが使いやすい。たらいのようなものでもよいが、持ち手つきが移動させやすい。

❾ 防水シート

かごを製作するときに使用。床に敷いてバケツや霧吹きの水で部屋が濡れるのを防ぐ。サイズは2m×2mくらいが広げやすい。ピクニックシートなどでもOK。

作業スペースについて

丸芯を動かしても人にあたらない場所を選んで

作業スペースは丸芯を動かす範囲を目安にしましょう。キッチンや洗面所などで作業するときはシートのようなものを敷いておくと部屋が汚れず、後片づけが簡単になります。常に濡れた丸芯を扱うので、エプロンをしたり、タオルやぞうきんを手元に用意しておくのもおすすめです。

編み始める前に

籐編みをスムーズに行うため、事前の準備をしましょう。

基本の準備

⊹ 丸芯を水に浸して やわらかくします

乾燥している丸芯を水に浸してやわらかくします。こうすることで、丸芯を曲げたり、編んだりしやすくなります。浸しすぎると籐の油分が抜け、色がグレーっぽくなるので注意しましょう。浸す時間は5〜10分くらいでかまいません。水から出したら、軽く水切りをします。

丸芯のかたさの見分け方

⊹ まず、さわってみましょう

丸芯はかたさによって使用する部位や用途が変わります（P.59 丸芯の選び方参照）。同じ束のものでもかたさはまちまちなので、最初に1本ずつさわって確認してみましょう。

かたさを見分ける練習

何度もさわっているとかたさややわらかさだけでなく、しなり具合の微妙な違いがわかるようになります。

1 束のまま水に浸した丸芯を取り出し、束ねていたひもをカットする。

2 左手で束を持ち、右手で丸芯のかたさ（コシ）を確かめていく。

（親指で軽く押す／人さし指と中指の間をあける）

丸芯の選び方

かごを編むための丸芯を選ぶ目安をまとめました。
用途に応じた丸芯を使うことできちんとしたかごに仕上がります。
使用しない丸芯も捨てずに他のアイテムに利用しましょう。

丸芯の目安　※手芯のような太い丸芯は除く。

段階		状態	用途
A	△	まっすぐでかたい エンマでかむと折れる	増し芯 (補強に使う増し芯用。止めには使わない)
B	○	柔軟性があってコシがある エンマでかんでも折れない	竪芯
C	○	やわらかいが、コシがある 曲げても折れづらく、押し返してくる感じ	編み糸（編み始めには使わない）
D	○	やわらかく、しなりがある	編み糸（大きな作品の編み始めにも使える） 巻き芯（手芯に巻くのに使う）
E	○	やわらかく、コシが少ない	編み糸（おもに編み始めに使う）
F	×	藁のようにやわらかい	リースに
G	×	ポキポキと簡単に折れる	アロマスティックに (短くなりすぎたものは捨てる)
H	×	傷や汚れがある 部分的に削れている（断面が丸くない）	リースやアロマスティックに

○…かご用に使う　△…用途によっては使える　×…かご用には使わない
※まれに入っているくらいです。

残った籐の乾かし方

濡れた丸芯はしっかり乾かして

仕分けをしたあとや数日置いてまた編むときは、必ず丸芯を乾燥させてから片づけます。乾かすときは丸芯をひもなどでまとめてから風通しのよい場所に吊るして干すとよいでしょう。濡れたまま片づけるとすぐカビが生えるので注意して。

籐は植物なので、丸めずに伸ばしたまま干すと繊維に沿って中の水分が抜けやすくなる。

編み始めた籐の乾燥対策に

霧吹きを用意！
室温や手の体温によって、編みかけの丸芯はすぐ乾燥するので、霧吹きで湿らせながら作業してください。適正なかたさの丸芯も乾くことで折れたり、裂けたりします。全体的に乾いてしまったら、水につけ直しても。

かごの構成

1つのかごがどのような要素で成り立っているのか確認しましょう。

かごは骨組みになる「竪芯(たて)」、竪芯に編みつけて面を作る「編み糸(「紡ぎ」の教室では編むための丸芯を編み糸と呼ぶ)」によって作られます。これは縦に張った糸に横糸を渡しながら布地を作る織物の構造にも似ています。

基本の手順は、まず竪芯を組み、次に竪芯の間を埋めるように編み糸を上下(または外・内)に渡して底や側面を編み、編み終わりを始末するのが基本。これに持ち手をつけたり、縁編みをアレンジしたりして、バリエーションを広げます。

【本書での名称】

籐(丸芯)の用途別名称

※丸芯の選び方はP.59参照。

竪芯・編み糸

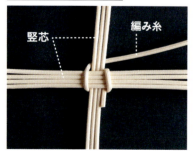

作品の柱となり、形や高さを決めるのが「竪芯」。竪芯に編んでいくのが「編み糸」。

増し芯

作品の直径を大きくするために竪芯の本数を増やしたり、竪芯を補強するために添えるのが「増し芯」。

手芯・巻き芯

太い持ち手を作るときの土台に使うのが「手芯」。手芯に巻きつけるのが「巻き芯」。やわらかく、しなりのある籐を用いる。

籐編みのテクニック

「紡ぎ」の教室でかごを編むときによく登場する基本のテクニックをまとめました。

一般的な構え方：どの作品を作るときにも共通する動作です。

組み始め

竪芯の組み始めは手に持って行います。編み糸を1周巻いたら作業台に置いて作業します。
※井桁組みは最初から台の上で作業する。

1 下になる竪芯から順に積み重ねる。重ねたら中心がずれないようにしっかり押さえる。

2 左手で竪芯を持ったまま、編み糸を巻いていく。

3 編み糸を巻く方向を変えるときは、裏側で編み糸を指で挟んで作業すると目がゆるみにくい。このような作業は持ったままのほうがやりやすい。

平面を編む

編むときは作業台の上に置いて行います。

このとき作業台の縁を使い、編み糸を下に落とすように動かすと作業がしやすい

1 竪芯をすくって編み糸をくぐらせ、次の竪芯の上に出す。

2 竪芯の間に渡る編み糸を両手の人さし指で中心に向かってかき込み、編み目をきっちり詰める。
※編み目をつぶしすぎないように注意。

立体を編む

立体的なかごはひざに抱えて編みます。

1 底から側面が立ち上がってきたら、ひざの上で作業する。体の中心にかごを置き、編み糸を竪芯の下にくぐらせ、次の竪芯の上に出す。

2 編み糸を上に出したら、人さし指で編んだ目をきっちり詰める。
※編み目をつぶしすぎないように注意。

きれいな組み方

かごの底は、❶竪芯を組み、❷編み糸を巻きつけてスタートします。
このとき編み糸を締める力加減がポイントになります。

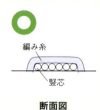

 編み糸を巻いたとき、竪芯の両脇にゆるみがなく、竪芯が平らに並んでいる状態がよい。

断面図

締めすぎ
締めすぎると竪芯が重なり合い、編み地に厚みが出て凸凹になる。

断面図

ゆるすぎ
全体的に隙間があり、竪芯が固定されず、動いてしまう。

断面図

竪芯の揃え方

竪芯は中心から放射状にすべて同じ長さに揃えます。
こうすることで編み終わる前に竪芯が足りなくなる箇所が出てくるのを防ぎます。

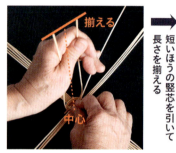

1 中心を組んで交点を片手で押さえる。もう一方の手で竪芯1本を選び、その上と下を持ち上げて長さを確認する。

短いほうの竪芯を引いて長さを揃える

2 上側が短い場合
上側の竪芯を写真のようにつかみ、親指に力を入れて上を引く。

下側が短い場合
下側の竪芯を写真のようにつかみ、小指に力を入れて下に引く。

3 竪芯すべてを同様にくり返す。1の作業を再度行い、中心からの長さが揃っていればOK。
※P.81の解説も参照。

直径の測り方

編み地の直径は必ず段の終わりで測ります。編み足りなかったり、編みすぎたりしないように注意しましょう。
竪芯が等間隔にあいていると正円になります。

> この直径をきちんと測らないと、段の途中で次の作業に移ることになり、少しずつ形がいびつになってきれいに仕上げることができません

 1と2が同じ直径ならOK！

1 編み糸の上から測る
段の終わりで編み糸の上から直径を測る。

2 編み糸を除いて測る
段の編み始め（編み糸を除いたところ）で編み地の直径を測る。

編み糸の継ぎ方：編み糸が足りなくなったとき、次の編み糸を継いで編み続ける方法です。

基本の継ぎ方

竪芯の裏側で2本の編み糸が重なるように、新しい編み糸を差し込む。どちらも端が竪芯にかかるくらいの長さでカットする。次に編み糸を継ぐときは、必ず2～3目ずらし、同じ場所で継がないようにする。

立体の場合

平面の場合

重ね継ぎ

竪芯を2本飛ばしで編むときに使う継ぎ方。表側にも裏側にも引っかかりがなくなり、継ぎ目が目立たなくなる。

1 新しく継ぐ編み糸の先を斜めにカットし、目打ちの柄などで叩いて繊維をつぶす。

2 編んできた編み糸（★）は竪芯にかかるくらい長さを残し、表側でカットする。新しい編み糸（☆）を差し違いになるように差し込む。

3 差し込んだところ。
※P.118～119の解説も参照。

丸芯を斜めにカットするときは
丸芯の上部を左指で押さえ、ハサミを斜めに当ててカットすると鋭角になる。
※押さえる位置がハサミに近すぎるとケガをしやすいので注意する。

エンマの使い方：竪芯を曲げやすくするために、丸芯を挟んで繊維をつぶします。この動作をエンマで「かむ」といいます。この作業は必ず丸芯を湿らせ、やわらかくしてから行います。

竪芯を直角に立ち上げるとき

縦にかむ（ウエシタエンマ）
丸芯を上と下から挟んで繊維をつぶす。

竪芯を横に倒すとき

横にかむ（ヨコヨコエンマ）
丸芯を右と左から挟んで繊維をつぶす。

立体も同様に
立体の場合も編み地の際で、丸芯に対して垂直にかむ。

 POINT エンマは編み地の際で、丸芯に対して垂直にかむ

目打ちの使い方：編み地に縁飾りの竪芯を差し込んだり、補強や竪芯を増やすために増し芯をするとき、目打ちでガイドになる隙間を作ります。目打ちは右から左へ差します。

増し芯を差すとき

竪芯の脇に差し込む

差し込み位置の竪芯の脇に目打ちを沿わせて差し込み、目打ちを左右に動かして隙間を作る。

竪芯2本の間に差し込む

1 左手で編み地をしっかり押さえ、竪芯2本の間にまっすぐ目打ちを差し込み、目打ちを左右に動かして隙間を作る。

2 1でできた隙間に増し芯を差す。

止めの竪芯を差すとき（立体作品）

竪芯の脇に差し込む

1 差し込み位置の竪芯の脇に目打ちを沿わせて差し込む。目打ちは底を突き抜けるまで差す。

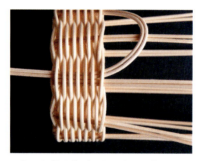

2 竪芯を曲げて1の隙間に差し込む。先端が底から出るまで差す。

増し芯の場合
止めの竪芯のときと同様に目打ちを差すが、増し芯は底から先が出ないように指で押さえて差す。

手芯を差すとき

竪芯の脇に差し込む

手芯をつける位置の竪芯の脇に目打ちを沿わせて差し込む。

止めを仕上げるとき

縁を止めた目の間隔を整えるときに竪芯の山に差す。止めの最後の竪芯を差し込む隙間を作るときも同様に差す。

仕上げ方

かごをきれいに仕上げるコツと方法です。

1 湿っているうちに：丸芯がやわらかいうちに、手で力をかけてゆがみをなくし、形を整える。

【共通】けば焼きをする

けばは丸芯の表面に立っている細かいささくれのようなもの。作品が湿っているうちに、ガスコンロなどの火でサッとあぶる。やや強火の火にこがさない程度にかごを近づけ、手早く動かすのがポイント。

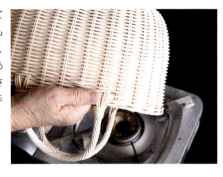

丸芯の表面にある極細の毛のようなものが「けば」。

2 乾いたら

【仕上げ1】ニスを塗る

編み上がったら、かごに自然なツヤを与え、汚れを防止するためにニスを塗る。油性ニスを用い、うすめ液で好みの濃さにしてから使う。最初に塗る液はうすめにして、加減できるようにする。手軽なスプレータイプもある。ニスは晴れた日に塗るのが望ましい。

|塗り方|

基本は1度塗りでナチュラルに。平たいハケで、編み糸に沿ってサッサッと手早く塗る。手につきやすいのでゴム手袋をするとよい。

かごの内側→底→外側→持ち手の順に塗る。多少、塗り残しがあってもかまわない。

|乾かし方|

ニスはごくうすく塗るので、1時間ほど外で乾かせばOK(濃いめに塗った場合は購入したニスの注意書きを参照)。溶剤臭があるので乾燥は必ず風通しのよい屋外で行う。

ニス専用うすめ液で洗う
ハケと容器は使ったらすぐにニス専用うすめ液できちんと洗う。二度洗いがおすすめ。
※使用済のうすめ液の処理は取扱説明書を参照してください。

● 塗り直すときは
ニスがはげてきたら塗り直すとよい。汚れている場合は一度水洗いしてほこりなどの汚れを落とし、しっかり乾燥させてから上塗りをする。ニスの濃度は1度めと同様にうすめでかまわない。

【仕上げ2】布用染料で染める

完成したかごを染める場合
必ずニスを塗る前に染める。手順は、❶水かお湯に布用染料を少しずつ入れて好みの色の染め液を作る。❷ゴム手袋をして乾いたままのかごをさっと浸す。❸風通しのよい場所で乾かす。❹ニスを塗る。
※染料の使い方は取扱説明書を参照してください。
※ニスを塗るので色止めは不要。

丸芯を染める場合
材料として用意した丸芯をそのまま染め液に浸して染め（染め液の作り方と染め方は上記と同様）、乾かしてから編む。P.37のマジェステ（あわじ結びのアレンジ作品）は、丸芯3本のうち、1本だけをグレーに染めてアクセントに。

最初の染め液は色をうすくすると失敗しにくい！
染めは淡→濃の順に試しましょう。
※染め液を入れるボウルやバケツは作品の大きさに合わせて使い分ける。

古くなったら染めるのもあり！
何年も使って汚れたり、日焼けしたりしたものは、思い切って染めてみても。ニスが残っているところはややムラになるが、それも味。

買い物かごを染めてみました
P.35で紹介している買い物かごをこげ茶色に染めてみました。ワードローブとの組み合わせを考えて、自分の使いやすい色に染めるのも楽しい。最後にニスを塗ることで自然な艶が出て、色落ちも防いでくれます。

作品は丸芯を染めずにそのまま編んだナチュラルなかご。使い込むことで飴色に変化させていくのが醍醐味

染めてみるとこんな感じ。落ち着いた色合いのコーディネートともよくなじみます

アクセサリーはカラーリングで遊ぼう！
小さなアクセサリーは染めに挑戦しやすいアイテム。鮮やかな色もアクセントカラーとして身につけられるのでおすすめです。いろいろな染料を試してみてください。

シックなグレーで大人っぽく。染め方で雰囲気ががらりと変わります。

ヘアゴムはビビッドな色をいろいろ試して。黒髪に映えて素敵です。

籐の収納

すぐに使わない丸芯の片づけ方です。

丸芯は太さ別にひもなどで束ね、丸めて収納します。一度濡らしたものは、しっかり干して乾燥させてから丸めます。ビニール袋には入れず、風通しのよい棚などに重ねておきましょう。初めのうちは、芯の太さを書いたラベルなどをつけておくと、次に使いやすくなります。

なんども利用できるバンドも便利
仕分けした丸芯や余った丸芯の束をまとめるときは、着脱可能なケーブルバンド（ケーブルタイなど）が便利。

丸芯の巻き方

1 束ねた丸芯の端で輪を作り、

2 端を輪の中に入れ、

3 引き出す。これで輪の大きさが固定される。

4 右手に丸芯の長いほうの端が来るように輪を持ち替え、

5 2、3を最後までくり返す。

6 複数本ある場合は、輪の大きさを揃えておくと片づけやすい。

作品は使いましょう！

かごは日用品です。できあがったら取り出しやすいところに並べておき、どんどん使うようにしましょう。収納するときは大きなかごの中に小さなかごを入れて積み重ねておくと省スペースに。小物はワイヤーかごの棚に重ねて入れておくと、中身が見えるうえ、風通しがよいのでおすすめ。

「紡ぎ」のアトリエ。教室用の見本は棚に収納。手前の床に並んでいるのは母屋で日頃使っているかごたち。

籐編みの用語

本書の作品の作り方に登場する主な技法の名称をまとめました。
各作品の作り方と照らし合わせながら活用してください。

【技法1】底の組み方：数多い組み方のうち、基礎になる竪芯の組み方を3つ。

※楕円底の組み方はP.130〜の S.買い物かごの作り方を参照。

十字組み　プロセス … P.78

竪芯の本数が少ないときの基本的な組み方。竪芯は13本まで。これより竪芯を増やしたい場合は、増し芯をする。

井桁組み　プロセス … P.86

竪芯が多いときに成形しやすい組み方。竪芯の本数が増えても底がほぼフラットになる。

米字組み　プロセス … P.90

初めから竪芯の本数が多いときの組み方。きれいな円形が作りやすい。中央の重なりにやや厚みが出る。

【技法2】編み方：よく使うベーシックな編み方・8種類を厳選。

素編み・追いかけ編み
プロセス … 素編みP.81、追いかけ編みP.131

素編みは竪芯を上1本（1束）、下1本（1束）と交互にすくいながら編む。竪芯の本数は奇数。追いかけ編みは編み糸2本で、すくう竪芯を1本ずらして追いかけるように素編みをする。竪芯の本数は偶数。どちらの編み方も編み地は同じになる。

うず編み　プロセス … P.100

奇数本の竪芯を2本ずつ（上2本、下2本）と交互にすくいながら編む。編み始めるとき、竪芯を1本ずつ分けて組むと間隔が狭く編みづらい場合、うず編みにすることが多い。

3本なわ編み　プロセス … P.106

編み糸3本を交差させながら編む。しっかりした編み目になるので、底まわりや底からの立ち上がり（根締め）、縁の仕上げに用いる。

矢羽根編み　プロセス … P.105

1段めは表2本なわ編み、2段めは裏2本なわ編みを編む。こうすることで編み糸の向きが逆になり、矢羽根のような模様になる。矢羽根編みはこの2段で1模様になる。

表2本なわ編み　プロセス … P.105

編み糸2本で、先に編んだ編み糸に対して下から上へかけて交差させて編む。

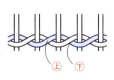

裏2本なわ編み　プロセス … P.105

編み糸2本で、先に編んだ編み糸に対して上から下へかけて交差させて編む。

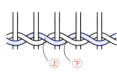

編み糸1本の裏2本なわ編み　プロセス … P.83

前段の編み目に対して、編み糸が上から下へかかるように通していく。仕上がりは裏2本なわ編みと同じになる。本書では主に編み終わりの始末に使用。

【技法3】止め方：編み終わったあとに残る竪芯の始末の仕方。

3回止め プロセス…P.107

かごの縁によく使われる止め方。竪芯を3回の工程で止めて、余った竪芯を裏側でカットする。

スカラップ止め プロセス…P.94

縁が花びらのようになる止め方。本書では竪芯を右へ丸く曲げ、右隣の竪芯の上を通り、次の竪芯の左脇に差し込む。

うろこ止め プロセス…P.84

竪芯を右横に倒して組みながら、幅の広い縁飾りにする止め方。横に倒した竪芯を何本組むかで1つの山の幅が変わる。

【技法4】結び方：水引などでも使われる結び方。

あわじ結び プロセス…P.126

丸芯で輪を作り、そこへ丸芯の両端を通しながら結んでいくことで形を作る。竪芯、編み糸の区別はない。

丸芯について
竪芯・編み糸・増し芯・手芯・巻き芯…P.60参照

【その他】籐編みの動作を表現する独特な言い方。

根締め プロセス…P.111

底から立ち上がるときに角をしっかり形作るために行う作業。本書では3本なわ編みで行う。

段消し プロセス…P.106

3本なわ編みを2段以上編むとき、段の終わりだけ3本先の竪芯にそれぞれかけるだけにして、段ごとになわ模様がつながるように編むこと。※写真は段消しをしたあと、編み糸をカットしたところ。

かき込む プロセス…P.82

編み目をきっちり詰めるため、編み糸を中心に向かって人差し指でぎゅっと押さえること。

立ち上げる

角を作る…P.98

丸みをつける…P.101

かごを底から縦方向に編み進めるときに、竪芯の角度を変えること。角を作るときと丸みをつけるときがある。

かむ プロセス…P.98(縦方向) P.102(横方向)

竪芯を曲げやすくするため、丸芯を横方向（または縦方向）に挟んで平らに繊維をつぶすこと。※写真は「横にかむ」。

かごの作り方

「紡ぎ」の教室で作るかごの編み方を紹介します。実際に手を動かしながら、籐編みに必要なテクニックを覚えてもらえたらと思います。本書で取り上げているのは、数多い籐編みの技法の一部にすぎませんが、それだけでも驚くほどさまざまなアイテムを作ることができます。籐編みを楽しみつつ、さらに自分が使いやすいようにアレンジをするときのヒントになればうれしいです。

※かごに使う丸芯はP.58〜59のように芯のかたさを確かめてから、材料表記に合わせてカットしてください。

✥✥✥ 作品Index

A. リング …… P.74

B. ネックレストップ …… P.76

C. 小皿 …… P.78

D. 中皿 …… P.86

E. 大皿 …… P.90

H. 花針さし …… P.98

I. 丸針さし …… P.100

J. 弁当かご …… P.104

N. ふたつきかご（ふた）…… P.116

O. ふたつきかご（下かご）…… P.117

P. なべしき …… P.118

Q. どんぐりかご …… P.122

Column

リース …… P.97

F. 花プレート(小) …… P.94

G. 花プレート(大) …… P.96

K. 飾りかご …… P.110

L. 小物入れ …… P.114

M. ごみばこ …… P.115

R. おしぼり置き …… P.126

Arrange

かんざし
…… P.128

マジェステ
…… P.128

ヘアゴム
…… P.128

S. 買い物かご …… P.130

Step 1 籐の感触や指の動かし方に慣れましょう

Photo_P.22

A. リング

- 材料
  丸芯／太さ2mm
  (1個分) 33cm×1本
- できあがりサイズ：直径約3cm

約3cm

How to make

 輪を編むときの指の動きをマスターする

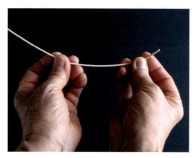

1　丸芯の右側を短く持つ。

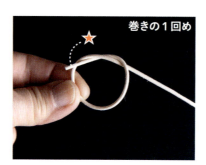

巻きの1回め

2　右端が手前になるように直径約3cmの輪を作る。

3　数字の6の形になるように輪を持ち、左右に引っ張って丸く形を整える。

指の動かし方

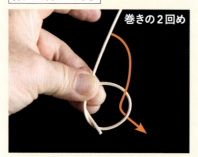

巻きの2回め

4　輪の交差した部分を左手の親指と中指で押さえて持ち、丸芯の端を矢印のように輪の中へ通す。

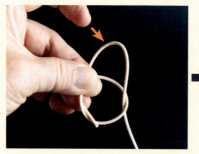

5　人さし指で丸芯のゆるみ分を輪の中に入れて引く。
※籐の繊維の向きがよじれないように注意する。

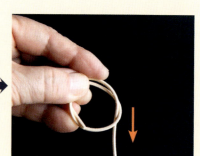

6 丸芯が輪に巻きついた。数字の6の形になるように持ち直す。

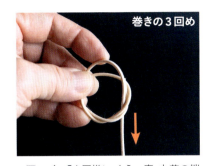

巻きの3回め

7 4、5と同様に、もう一度、丸芯の端を輪の中に入れて引く。

8 丸芯を1周巻きつけたところ（丸芯を3回巻いて1周するのが目安）。巻いた位置で1周が3等分されるようにする。

9 輪を左右に引いて形を整える。2周めは1周めに巻きつけた芯に沿わせるように、丸芯の端を輪の中へ入れて引く。

10 2周めを2回巻いたところ。

11 もう1回、編み初め（★）の端まで巻いたら終了。

12 余分な丸芯は輪になった芯に沿うように斜めにカットする。

13 リングが1個できた。

14 次からはつなげたいリングに丸芯を通してから、2と同様に輪を作る。

B. ネックレストップ

Photo_P.36、41

- **材料**
  丸芯／太さ2.5mm
  (1個分) 50cm×2本
- **できあがりサイズ**：直径約5cm

約5cm

How to make

 POINT リングと同じ要領で丸芯を2本にして編む

1 丸芯を2本合わせて持ち、丸芯の端で直径約5cmの輪を作って数字の6の形になるように持つ。

2 丸芯の端を輪の中に3回通し、1周したところ。

巻き方の悪い例
巻くときは2本の丸芯がねじれたり、バラバラと隙間ができたりしないように注意する。写真は悪い例。

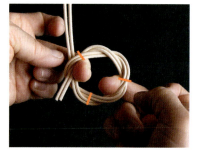

3 輪を左右に引き、巻き位置で1周が3等分になるようにし、丸く形を整える。

4 1周めに巻いた芯に沿うように、もう1周巻く。

丸芯の端は輪に沿うように斜めにカットする。

5 編み始めの位置まで巻いたら、余分な丸芯をカットする。

Step 2 十字組み、井桁組み、米字組み
かごの大きさに合わせて組み方を選びましょう

似ているようで違う、スタートの組み方いろいろ

かごを編むとき、最初に行う堅芯の組み方は数多くありますが、本書ではよく使われる十字組み、井桁組み、米字組みの3種類を紹介しています。かごの骨組みになる堅芯は、大きな作品になるほど本数がたくさん必要です。そのため、作りたいかごの大きさに適した組み方に変えなくてはなりません。

十字組みは堅芯をきれいに組めるのが13本までなので、小物作りにぴったりです。それより大きなかごを編むときは、最初から本数を増やせる井桁組みや米字組みを使います。

まず、その違いがわかりやすい大中小の皿を作ってみましょう。組み始めが比較的フラットな十字組みや井桁組みに比べ、米字組みは中央の交点に厚みが出るのが特徴です。皿はこの面が底になるので、中心に厚みが出ると傾いてしまいます。これを解消するため、米字組みの皿は縁を止めるとき、高さのある「足」を作って安定させる工夫をします。同じように見える3つの皿ですが、きちんと仕上げるためにはちょっとしたコツがあります。実際に編みながら、それぞれの違いや工夫を楽しんでみてください。

本書で紹介しているかごは、ほとんどこの3つの組み方で作ることができます。これらを覚えるだけで、作品バリエーションを広げる手助けになるので、ぜひチャレンジを。

C. 小皿 作り方_P.78、D. 中皿 作り方_P.86、E. 大皿 作り方_P.90

十字組み
数多い組み方の中でもシンプルで一般的に使われるのが十字組み。きれいに組めるのは堅芯が13本まで。普段使いの小物はだいたい作れる。

井桁組み
十字組み2つを少しずらして組み合わせたのが井桁組み。堅芯4本(束)を井桁に組むので手軽に本数を増やすことができる。中央が正方形になる。

米字組み
十字組み2つを斜めに重ねたのが米字組み。堅芯の本数を多くしたい大きな作品のときに使う。中央から丸くきれいに編める。

C. 小皿

十字組み

Photo_P.77

- **材料**
  丸芯／太さ2mm
  - 竪芯 40cm 11本
  - 増し芯 18cm 11本
  - 編み糸 15g
- **できあがりサイズ**：直径約11cm

約11cm

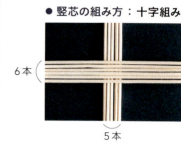

● 竪芯の組み方：十字組み

6本
5本

How to make

1 底を組む >>> 十字組み

1cm ☆

1 竪芯を十字に重ね（縦5本の上に横6本）、左手で押さえる。やわらかい編み糸を縦の竪芯に写真のように沿わせる（横の竪芯の下になる）。

角を締める ☆

2 上から手前に編み糸をかける。

編み糸の巻き方は
P.79の図参照

締める

3 竪芯をしっかり押さえ、編み糸を裏側へ引いて、角をきっちり締める。

裏側

裏側から見たところ
左手の人さし指と中指の間に編み糸を挟むと編み目がゆるみにくい。

☆ 締める

4 そのまま竪芯の下をくぐらせ、左側へ動かす。角を締める。

5 竪芯を時計回りに90度回転させる。竪芯の★が下にくる。

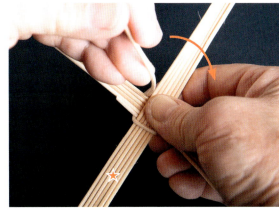

6 竪芯の上に矢印のように編み糸をかけ、角をしっかり締める。

7 続けて竪芯の下をくぐらせる。角をしっかり締める。

8 1周したところ。

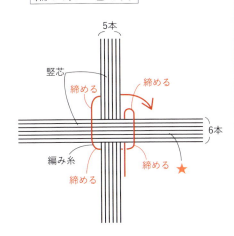

編み糸の巻き方

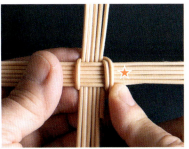

9 同様にもう1周巻く。このとき、編み糸同士が重ならずきっちり横に並ぶようにする。

10 2周めを4分の3巻いたところ。編み糸を引き締める。
※編み糸を巻いた角がゆるんで、丸くふくらまないよう、注意する。

79

11 最後に竪芯の下をくぐらせ、そのまま竪芯の上が下になるようにひっくり返す。編み糸は竪芯に巻きつけるようにターンさせる。

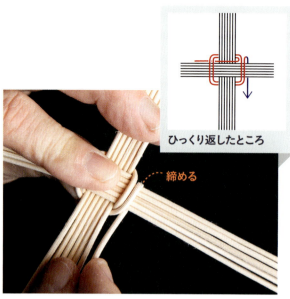

12 ひっくり返したら、編み糸を引いて角を締める。

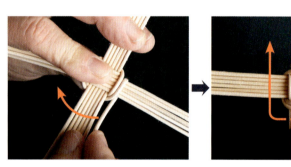

13 さらに竪芯を回しながら、矢印のように編み糸を巻いていく。

14 1周巻いたところ。

15 2周めも同様に巻く。

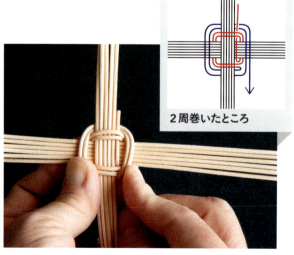

16 2周巻いたところ。
※ゆるみがないか、再度、確認する。

竪芯の長さを整える

十字組み（❷の作業すべて）が終わったら、竪芯の中心がずれていないか確認します。長さが違うまま編んでしまうと、最後に竪芯が足りなくなってしまうなんて失敗も！もしずれていたら、この段階で竪芯を引いて長さを揃えましょう。

1 十字に組んだ竪芯の交点を片手で押さえる。

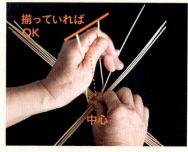

2 竪芯1本を選び、その上と下を持ち上げて長さを揃える。

3 上が短い場合は親指に力を入れて上へ引く。

4 下が短い場合は小指に力を入れて下へ引く。

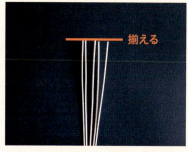

5 2の作業をもう一度行い、中心からの長さが揃っていればOK。

❷ 編み進める ＞＞＞ 素編み

1 ここからは竪芯を2本ずつに分けながら、編み糸で編む。まず左側の竪芯2本の下に編み糸をくぐらせ、上に出す（編み糸を竪芯2本の下・竪芯2本の上の順に通す。これを「下2本・上2本」という）。

2 次の竪芯2本を取り分ける（編み糸は上）。

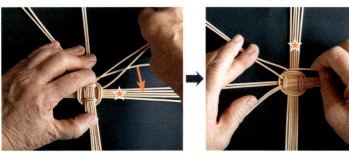

3 残っている竪芯1本と隣の竪芯1本を合わせ、編み糸をくぐらせる。このとき竪芯は反時計回りに90度回転させる。

編み目がつぶれない程度に編み糸をきっちりかき込む

4 竪芯の間に渡る編み糸は、その都度、人さし指で中心に向かってかき込み、隙間をなくす。

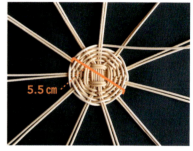

5 1周竪芯を2本ずつ、編んだところ。この編み方を「素編み」という。

6 2〜3周、同様に竪芯を2本ずつ編む。ここまで編む間に竪芯の間隔をほぼ均等に整える。

7 直径5.5cmまで同様に編む。

◆3 増し芯をする

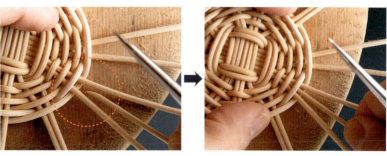

1 竪芯の間に目打ちを入れて隙間をあける。
目打ちの使い方 … P.64

2 先を斜めにカットした増し芯(1本)を隙間に差し込む。

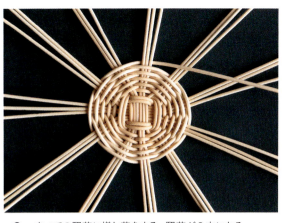

3 すべての竪芯に増し芯をする。竪芯が3本になる。

4 続けて直径7cmになるまで竪芯を3本1束で編む。

◆4 編み終わりを始末する　>>> 編み糸1本の裏2本なわ編み

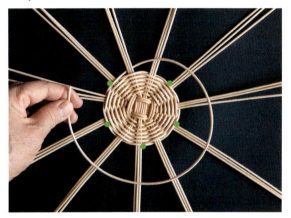

1 編み糸を編み地の1周分より少し長めに残してカットする。

2 最後に編んだ編み糸の山（1の●印の5か所）に編み糸を通す。

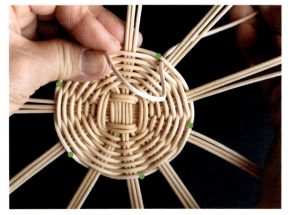

3 編み糸を竪芯の左側から引き出す。よじれると折れるので注意する。

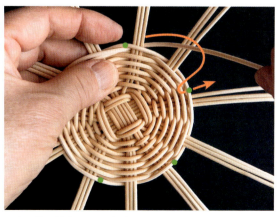

4 編み地を回して、右隣の竪芯の上を通り、次の山の●に編み糸を通す。

5 2〜4を全部で5か所くり返す。1周したら、最後は竪芯の裏側にかかるくらいの位置で編み糸をカットする。

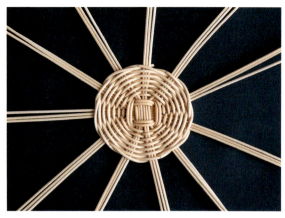

6 1〜5の編み方のように編むと「編み糸1本の裏2本なわ編み」になる。編み終わりの始末ができた。

❺ 縁を止める >>> うろこ止め

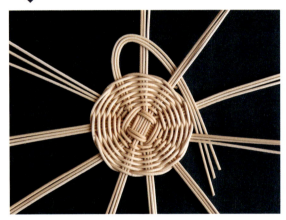

1 竪芯（3本1束）を右へ曲げ、右隣の竪芯に上・下・上・下の順に編む。

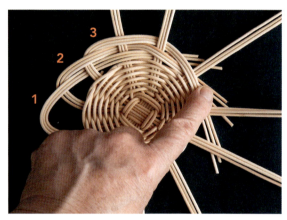

2 次の竪芯も隙間があかないように前の竪芯の山に重ねていく。竪芯の端は本体の編み地の縁にくっつけてしっかり押さえておく。

うろこ止め

竪芯を右に曲げ、隣の竪芯に上・下・上・下の順に編む。曲げるときは中心から縁まで編んできた竪芯が右へ引っぱられて傾かないように注意する。

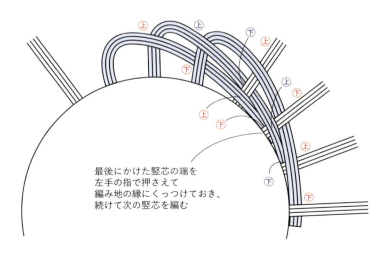

最後にかけた竪芯の端を
左手の指で押さえて
編み地の縁にくっつけておき、
続けて次の竪芯を編む

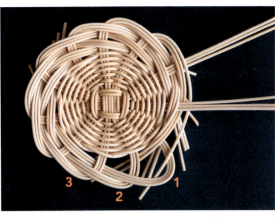

3 最後の竪芯2本まできたら、最初の3山（**2**の**1**、**2**、**3**）をほどく。

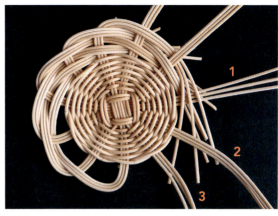

4 ほどいたところ。この3山を編み直すことできれいなうろこ止めになる。

5 最後まで編む。
※最後の竪芯2本は丸芯1本ずつていねいに編むときれいに仕上がる。

6 裏側の竪芯の端を引っ張り、山の形を整え、縁に丸みをつける。

7 竪芯の端を斜めにカットする。

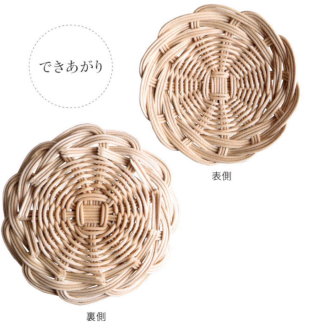

できあがり

表側

裏側

85

| 井桁組み | Photo_P.15、77 |

D. 中皿

- **材料**

  丸芯／太さ2mm
  - 竪芯 65㎝ 15本
  - 増し芯 30㎝ 30本
  - 編み糸 45g

- **できあがりサイズ**：直径約20㎝

約20㎝

● 竪芯の組み方：井桁組み

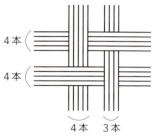

4本
4本
4本 3本

How to make

1 底を組む >>> 井桁組み

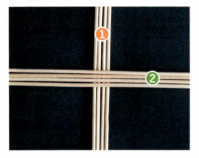

1 竪芯を十字に重ねる（縦4本❶の上に横4本❷）。

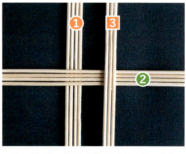

2 竪芯3本❸を❶と平行になるように右側へ重ねる。

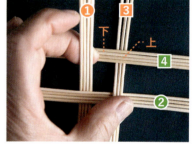

3 残りの竪芯4本❹を❷と平行になるように上側へ重ねる。そのとき、写真のように互い違いになるようにする。

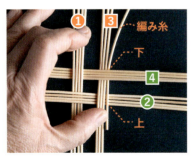

4 やわらかい編み糸を❸の右側に沿わせ、写真のように❹の下をくぐらせる。

5 編み糸を❹に上からかける。

編み糸の巻き方は
P.87の図参照

6 そのまま、❷の下をくぐらせて上へ引き、目をきっちり締める。

編み糸の巻き方

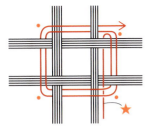

※●の4つの角を2周ともきっちり締める

7 竪芯を反時計回りに90度回転させる。編み糸を竪芯の上→下の順にかけ、**6**と同様に上へ引いて目を締める。同様に竪芯を回転させながら編み糸を2周巻く。

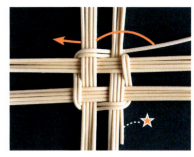

8 竪芯に編み糸を2周巻いたところ。次は竪芯をひっくり返しながら、同時に編み糸を矢印のようにかける。

編み糸の巻き方

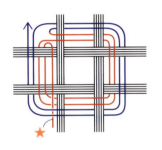

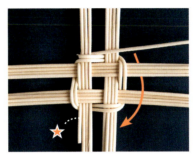

9 ひっくり返したところ。続けて、編み糸を2周、竪芯に巻く。

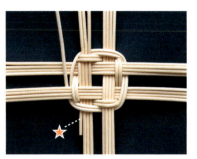

10 竪芯に編み糸を2周巻いたところ。
※ゆるみがないか、再度、確認する。

2 編み進める >>> 素編み

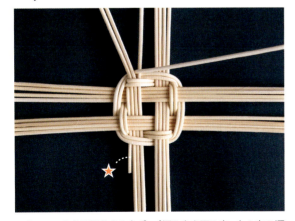

1 ここからは竪芯を2本ずつ(編み糸を下2本・上2本の順に通す)に分けながら素編みをする。
素編み … P.81 ❷-1～5

2 直径8.5cmまで同様に編む。

◆3 増し芯をして編み、編み終わりを始末する　>>> 素編み・編み糸1本の裏2本なわ編み

1 竪芯2本の間に目打ちを入れて隙間をあける。
目打ちの使い方 … P.64

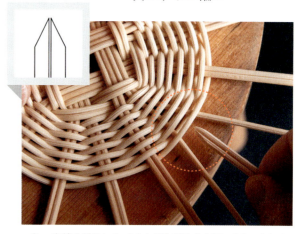

2 先端を斜めにカットした増し芯2本を図のように合わせ、竪芯の隙間に差し込む。

3 増し芯を差し込んだところ。竪芯が4本になる。

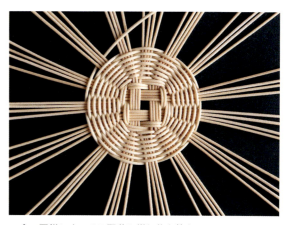

4 同様にすべての竪芯に増し芯を差す。

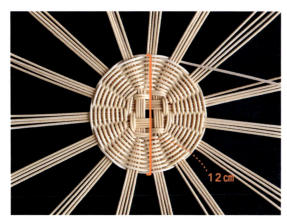

5 続けて直径12cmになるまで竪芯を4本1束で素編みし、編み糸を編み地の1周分より少し長めに残してカットする。

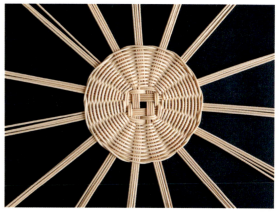

6 編み糸1本の裏2本なわ編みで1周して、最後は竪芯の裏側にかかるくらいの位置で編み糸をカットする。
編み糸1本の裏2本なわ編み … P.83 ◆

4 縁を止める >>> うろこ止め

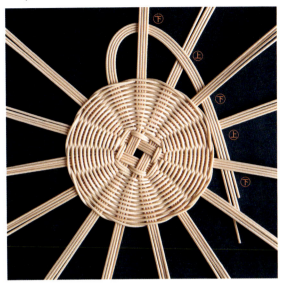

1 1つめの堅芯（4本1束）を右へ曲げ、右隣の堅芯に下・上・下・上・下の順に編む。

2 次からも同様に堅芯をきっちり積み重ねる。端は左手の指で押さえておく。

3 堅芯が残り4つまできたら、最初の3山をほどく。

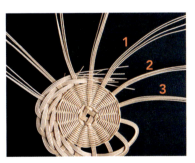

4 ほどいたところ。この3山を編み直すことできれいなうろこ止めになる。

5 最後の堅芯2つは丸芯1本ずつでいねいに編むときれいに仕上がる。

6 すべて編んだら裏側の堅芯の端を引っ張って山の形を整え、縁を中心に向かって少し起こし、丸みをつける。

7 堅芯の端を斜めにカットする。

できあがり

表側

裏側

| 米字組み |

E. 大皿

Photo_P.77

- 材料

丸芯／太さ2mm
- 竪芯 75cm 19本
- 増し芯 33cm 38本
- 編み糸 60g

- できあがりサイズ：直径約22cm

約22cm

● 竪芯の組み方：米字組み

5本（
5本　4本　5本

How to make

1 底を組む >>> 米字組み

1　竪芯を5本持つ。

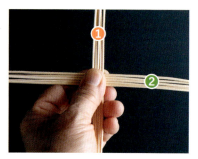

2　次の竪芯5本を横にして上に重ねる。

3　❶と❷が「X形」になるように親指を右に回し、❸を縦に重ねる。

4　残りの竪芯5本を横にして上に重ねる。

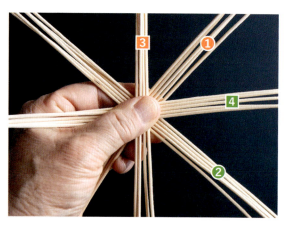

5　竪芯を「米」の字の形に重ねたところ。

POINT 竪芯が交差する中心を親指と人さし指でしっかり押さえてずれないようにする

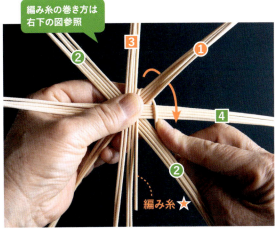

6 やわらかい編み糸を3に沿わせ、1の下、4の上、2の下、3の上にかける。

7 3の上までかけたところ。これで半周巻けた。

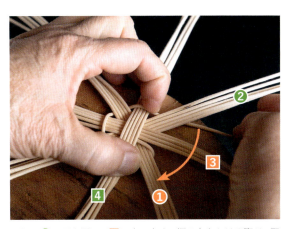

8 もう半周巻いていく。親指を時計回りに90度回転させ、編み糸を1の下を通って4の上に出す。

9 2の下を通って3の上に出す。編み糸をかける際は、竪芯と竪芯の間に隙間ができないように左手の人さし指でしっかり押さえておく。これで1周巻けた。

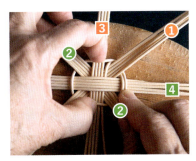

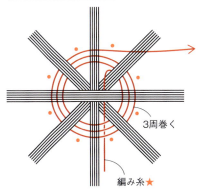

10 巻いた糸が丸い形になるように編み糸を外へ広げて整える。

11 あと2周、竪芯に編み糸を巻く（計3周）。

編み糸の巻き方

※ ●の8つの間を3周ともきっちり締める

12 次は竪芯をひっくり返しながら、同時に編み糸を矢印のようにかける。

13 ひっくり返したところ。

14 続けて、編み糸を3周、竪芯に巻く。巻くときは左手の中指で竪芯を作業台の縁より下へ落とすようにすると編み糸を締めやすくきっちり編める。

編み糸の巻き方

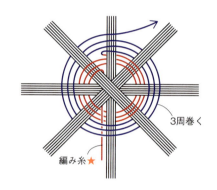

3周巻く
編み糸★

◆2 編み進める　>>> 素編み・編み糸1本の裏2本なわ編み・うろこ止め

D.中皿の❷〜❹-6（P.87〜89）まで同じ要領で編み進める。

1 ここからは竪芯を2本ずつ（編み糸を上2本・下2本の順に通す）に分けながら素編みをする。

2 直径11cmまで編んだら増し芯（1つの竪芯につき、2本）をし、続けて竪芯を4本1束で編む。直径15cmまで編んだら、編み終わりを編み糸1本の裏2本なわ編みで始末する。竪芯はうろこ止めして形を整える。

3 底を止める

米字組みは4束の竪芯を1か所で交差させるため、中心にわずかな厚みが出る。
そのまま平らな面に置くと傾いてしまうため、うろこ止めの最後にもう1回、内返し（足）を編んで周囲に高さをつけ、安定させる。

1 1つめの竪芯を右隣の竪芯に引っかけるように下へ、2つめの竪芯は上へ動かし、交差させる。

2 同様に隣り合う竪芯をすべて交差させる。これを「1回の内返し」という。

3 最後の竪芯は、1つめの山をすくうように目打ちを挟んで隙間をあけ、1本ずつ丁寧に差し込む。

4 竪芯の端を斜めにカットする。

できあがり

表側　　　裏側

ここが小皿、中皿と違います

Step 3 かご&小物を編んでみましょう

Photo_P.13

F. 花プレート（小）

- 材料
  丸芯／太さ2mm
  - 竪芯 35cm 13本
  - 編み糸 10g

- できあがりサイズ：直径約12cm

約12cm

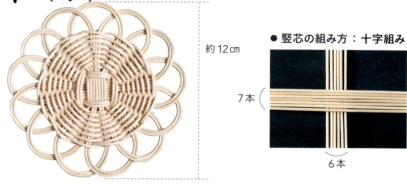

● 竪芯の組み方：十字組み

7本

6本

How to make

1 本体を編む >>> 十字組み・素編み・編み糸1本の裏2本なわ編み

 C.小皿の❶～❹（P.78～84）と同じ要領で、増し芯をせずに編み進める。

1 竪芯を十字組み（縦6本の上に横7本）にする。やわらかい編み糸を竪芯（縦6本）に沿って2周巻いたら、竪芯をひっくり返し、編み糸をターンさせて2周巻く。続けて竪芯2本で素編みをする。 素編み … P.81 ❷-1～5

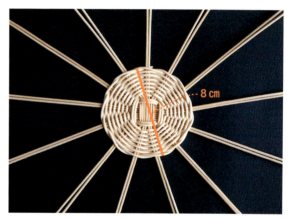

2 直径8cmまで編んだら、編み糸を編み地の1周分より少し長めに残してカット する。編み終わりを編み糸1本の裏2本なわ編みで始末する。
編み糸1本の裏2本なわ編み … P.83 ❹

2 縁を止める >>> スカラップ止め

1 竪芯をカットするために目安の長さを測る。

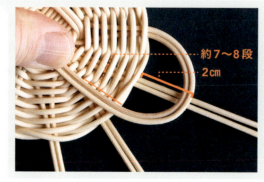

約7～8段
2cm

竪芯1組（2本）を右隣の竪芯を1つ飛ばして写真のように右へ曲げ、山の高さが2cmになるようにする。竪芯は本体の外側から7～8段めくらいまで差し込むので、その長さの目安をつける。

2　1で目安をつけた位置で竪芯をカットする。

竪芯は1の状態のままで、先が斜めになるようにカットする。2本に長短の差がつき、きれいに差し込むことができる。

短　長

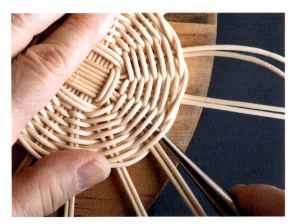

3　竪芯は右隣を1つ飛ばして差し込む。まず差し込む位置の竪芯の脇に写真のように目打ちを入れて隙間を作る。
目打ちの使い方 … P.64

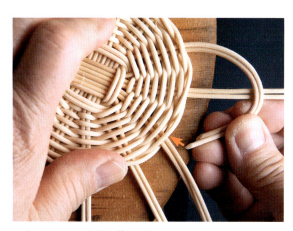

4　カットした竪芯を差し込む。

5　差し込んだところ。山の高さが2cmあるか、確認する。

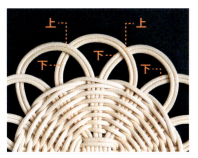

6　すべての竪芯を1〜5と同様に差し込む。これを「スカラップ止め」という。山の高さをきちんと揃えることがきれいに仕上げるコツ。

できあがり

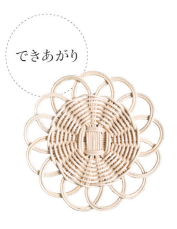

リング

十字組み

井桁組み

米字組み

あわじ結び

楕円底

95

G. 花プレート（大）

● 材料
丸芯／太さ2.5mm
- 竪芯 55cm 21本
- 編み糸 55g

● できあがりサイズ：直径約26cm

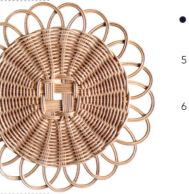
約26cm

● 竪芯の組み方：井桁組み

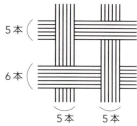
5本
6本
5本　5本

How to make

井桁組みをする

竪芯を井桁組みしてやわらかい編み糸で編む（2周巻いたら竪芯をひっくり返し、編み糸をターンさせて2周巻く）。
井桁組み … P.86 ❶

❷ 縁まで編む

直径19cmまで竪芯2本で素編みをしたら、編み終わりを編み糸1本の裏2本なわ編みで始末する。
素編み … P.81 ❷-1〜5
編み糸1本の裏2本なわ編み … P.83 ❹

縁を止める

❶ 竪芯を写真のように山の高さが3.5cmになるように右へ曲げ、本体に差し込む分の長さを残してカットする。
❷ ❶を本体の竪芯の脇に差し込み（P.95 ❷-3〜5参照）、スカラップ止めをする。

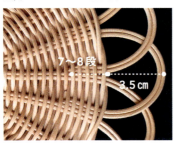
7〜8段
3.5cm

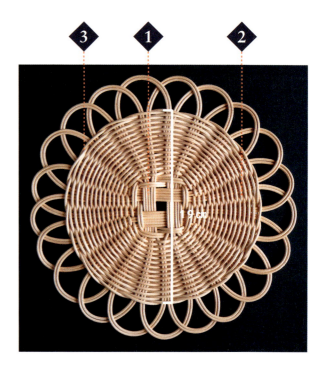
19cm

レッカー（小）の編み方を参考に！
この花プレート（大）とF.花プレート（小）は最初の組み方が違うだけ。スタート以外は同じ要領なので作り方の詳細はP.94〜95を参照ください。

Column

かごに使わない籐（丸芯）を活用しましょう

　丸芯の中には、まれにかご編みには適さないものが混ざっている場合があります。でも、それは編むことができないだけ。ストックしておけば、意外なアイテムに活用することができます。特におすすめなのが、リース。くるくる丸めて好みのグリーンを添えれば、おしゃれなインテリア小物に早変わり。クリスマスにはP.96の花プレート（大）にケーキやキャンドルを飾り、壁や扉にお手製リースというのも素敵です。中途半端に残った編み糸なども合わせて活用しましょう。

リース
Photo_P.32, 33

- ● 材料
  丸芯 太さ、長さともにお好みで
- ● できあがりサイズ：
  直径15cm前後

15cm前後

How to make

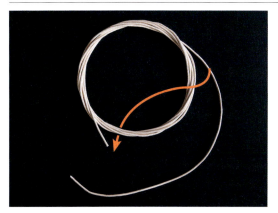

1 丸芯を好みの長さ&本数で輪にし、芯の端を矢印のように何度も輪の中に入れては引き出す。

2 輪を左右に引いてきれいな円形になるように整え、余った芯をカットする。リースの土台の輪ができた。

ハーブや木の実、ドライフラワーなどを麻ひもで丸芯の輪にくくりつけ、リースにする。季節の花などでもかわいい。

H. 花針さし

- **材料**
  丸芯／太さ2mm
    - 竪芯 40cm 11本
    - 編み糸 15g
  好みの布地
    - 直径約25cm 1枚
  手縫い糸、縫い針、わた

- **できあがりサイズ**：
  直径約8cm×高さ約4.5cm

約4.5cm / 約8cm

● 竪芯の組み方：十字組み
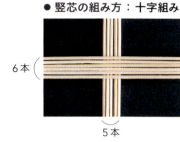
6本 / 5本

How to make

1 底を編む >>> 十字組み・素編み

C.小皿の❶～❷（P.78～82）と同じ要領で編み進める。

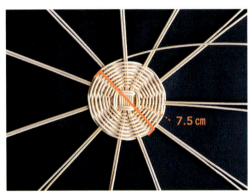
7.5cm

竪芯を十字組み（縦5本の上に横6本）にする。やわらかい編み糸を竪芯（縦5本）に沿わせて2周巻いたら竪芯をひっくり返し、編み糸をターンさせて2周巻く。続けて竪芯を2本ずつに分けながら素編みで直径7.5cmになるまで編み進める。
素編み … P.81 ❷-1～5

2 側面を編む >>> 素編み・編み糸1本の裏2本なわ編み

1 竪芯を水で湿らせてやわらかくし、エンマで縦にかむ。すべて同様に行う。
エンマの使い方 … P.63

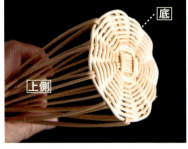
底 / 上側

2 竪芯をすべて上へ向かって折りぐせをつける。

2.5cm

3 高さ2.5cmになるまで素編みをする。竪芯は直角よりやや外側に開いた状態で編む。編み終わりは編み糸を編み地の1周分より少し長めに残してカットし、編み糸1本の裏2本なわ編みで始末する。
編み糸1本の裏2本なわ編み … P.83 ❹

3 縁を止める >>> スカラップ止め

竪芯は水で湿らせてやわらかくしておく。

竪芯の動かし方
※図は縁を上にしているが、作業するときは横にして行う。

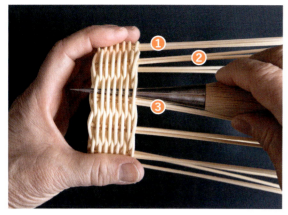

1 ❶の竪芯（2本1束）を右隣の竪芯❷を飛ばして竪芯❸の左脇に差し込む。まず❸の竪芯の左側に目打ちを差し込んで隙間を作る。目打ちの先が底から出るまで差す。

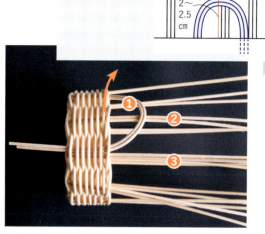

2 ❶の竪芯（2本1束）を右へ曲げ、1の隙間に差し込む。竪芯の先が底から出るまで差す。

3 竪芯すべてを1、2と同様に差す。

4 底に出た竪芯を引いて、縁の山の高さが2cmになるように整える。

逆さに置いて水平になればOK。

5 竪芯を写真のように指で手前に引きながら、底の際でカットする。

できあがり

※針山の作り方はP.103参照。

I. 丸針さし

- **材料**

  丸芯／太さ2mm
  - 竪芯 35cm 7本
  - 編み糸 15g

  好みの布
  - 直径約18cm 1枚

  手縫い糸、縫い針、わた

- **できあがりサイズ**：
  直径約7cm × 高さ約3cm

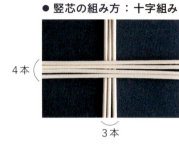

● 竪芯の組み方：十字組み

4本
3本

How to make

底を編む >>> 十字組み

C. 小皿の❶（P.78）と同じ要領で十字組みをする。

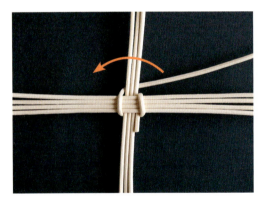

竪芯を十字に重ね（縦3本の上に横4本）、やわらかい編み糸を1周巻いたら、竪芯をひっくり返し、編み糸をターンさせて1周巻く。
※丸針さしは竪芯の本数が少ないので1周ずつでOK。

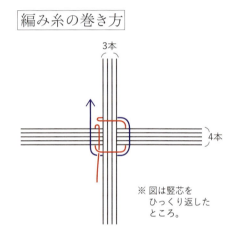

編み糸の巻き方

3本
4本

※ 図は竪芯を
ひっくり返した
ところ。

2 底を編み進める >>> うず編み・素編み

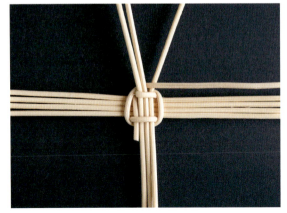

1 続けて、竪芯を2本ずつ（編み糸を下2本・上2本の順に通す）に分けながら1周編む。

2 1周編んだところ。

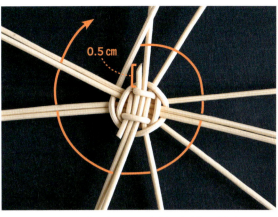

3 次の周の竪芯2本のうち、左側1本（2の★）をカットする。端は約0.5cm残しておく。ここから再び、竪芯を上2本・下2本と交互にすくいながら編む。

4 竪芯をカットして奇数にしたことで2本ずつすくって編んでも自然に1本ずつに分かれ、編み地が渦巻き状になる。これを「うず編み」という。直径3cmまでうず編みをしたら、竪芯を1本ずつに分けて素編みをする。

 POINT 最初から竪芯を1本ずつにして編むと、隣の芯との間隔が狭すぎてきれいに編めない。それを避けるため、編み地がある程度大きくなるまで2本ずつで編む。

5 編み地が直径5.5cmになるまで素編みをする。竪芯が等間隔の放射状になるように編む。

6 竪芯を左手の指先でためて丸みをつける。

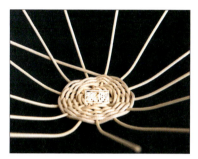

7 すべての竪芯に丸みをつけたところ。ここから上へ向かって立ち上げていく。編み地の裏側がかごの中になる。

◆ 3 側面を編み進める　>>> 素編み・編み糸1本の裏2本なわ編み

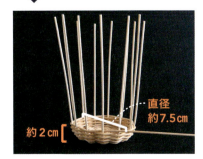

1 素編みで高さ約2cmまで編む。このときの直径は約7.5cmが目安。

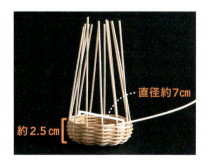

2 続けて高さ約2.5cmまで、内側に少しすぼまるように編む。このときの直径は約7cmが目安。

3 2まで編んだら、編み糸を編み地の1周分より少し長めに残してカットし、編み終わりを編み糸1本の裏2本なわ編みで始末する。
編み糸1本の裏2本なわ編み … P.83 ◆

縁を止める >>> 3回止め（内返し1本先）

※一般的な3回止めは、3回めの内返しを竪芯2本先に入れるが、この作品は小さいので竪芯1本先に入れる。

1　竪芯を水で湿らせてやわらかくし、竪芯すべてをエンマで横にかむ。
エンマの使い方 … P.63

隙間があかないように上からしっかり押さえる

竪芯の動かし方

2　竪芯1本を右隣の竪芯をすくって（内から外）右へ倒す。

3　2と同様にすべての竪芯を右へ倒し、最後の竪芯は最初の竪芯の山に入れる（内から外）。止めの1回めができた。

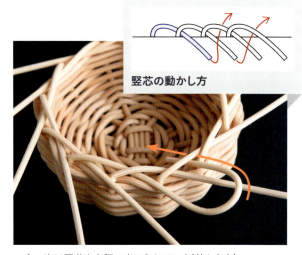

竪芯の動かし方

4　次は竪芯を右隣の山に入れていく（外から内）。

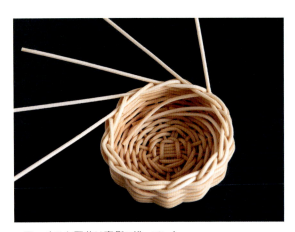

5　止めた竪芯は裏側に沿っていく。

6　最後の竪芯は最初の竪芯の山に入れる（外から内）。止めの2回めができた。

竪芯の動かし方

7 裏側に入った竪芯2本を取り、❶を❷の手前を通り、❷と❸の間から裏側（❸の後ろ）へ倒す。この止め方を「内返し1本先」という。

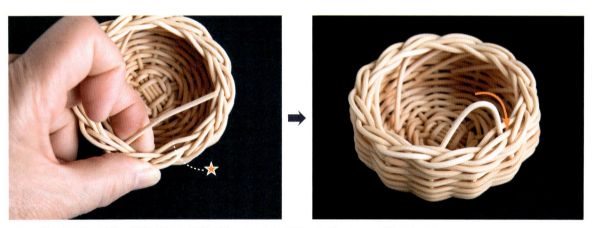

8 7をくり返し、最後の竪芯は最初の竪芯（★）の山に入れる（外から内）。止めの3回めができた。

9 余分な竪芯を裏側で交差した竪芯の下でカットする。短いとはずれ、長いと引っかかるので加減しながらカットする。

できあがり

針山の作り方

直径約18cmの好みの布を用意し、縁をぐし縫いする。中にわたを詰めてしぼり、糸を結んでとめ、かごに入れる。
※大きさは目安。かごのできあがりに合わせて布のサイズを加減する。

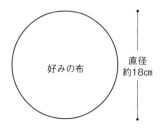

好みの布　直径約18cm

Photo_P.18

J. 弁当かご

- **材料**
  - 丸芯／太さ2mm
    - 竪芯 65cm 12本
    - 編み糸 50g
  - 好みの布
    - 適宜
  - 手縫い糸、縫い針
- **できあがりサイズ：**
  直径約14.5cm × 高さ約7cm
  （布部分含まず）

約14.5cm／約7cm

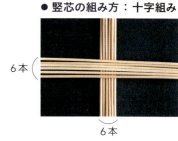
● 竪芯の組み方：十字組み
6本／6本

How to make

 底を編む >>> 十字組み・うず編み・素編み

C. 小皿の❶（P.78）と同じ要領で十字組みをする。底は、I. 丸針さしの❷-1〜5（P.100）と同じ要領で編む。

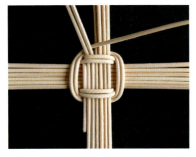

1 竪芯を十字に重ね（縦6本の上に横6本）、やわらかい編み糸を2周巻いたら竪芯をひっくり返し、編み糸をターンして2周巻く。続けて、竪芯を2本ずつに分けながら1周編む。

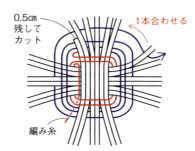

2 次の周の竪芯2本のうち、左側1本をカットする。さらに竪芯を下2本・上2本と交互にすくいながら直径6cmまでうず編みをする。
うず編み … P.101 ❷-3〜4

3 直径6cmになったら竪芯1本で直径10cmまで素編みをする。

2 側面を編む >>> 素編み・矢羽根編み

1 竪芯を指先で上に向けてため、ゆるやかなカーブをつける。
丸みのつけ方 … P.101 ❷-6

2 立ち上がりに丸みをつけながら底から続けて素編みをし、直径12cmになったら竪芯を上に向け、さらに直径約13cm、高さ4cmになるまで素編みをする。

3 高さ4cmになったら、編み糸（編み地の2周分より長め）を1本、写真のように竪芯の間に入れる。

矢羽根編み 1段め
（表2本なわ編み）

4 すくう竪芯を1本ずらした状態で、2本の編み糸を交差させるように交互に編む。これを「表2本なわ編み」という。

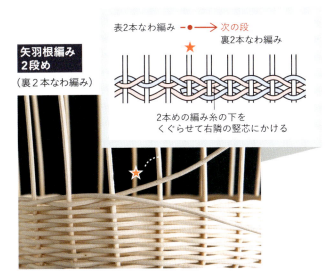

矢羽根編み 2段め
（裏2本なわ編み）

5 表2本なわ編みを1周編む。編み始め位置まできたら、次の段は1本めの編み糸を、2本めの編み糸の下をくぐらせてから右隣の竪芯にかける。これを「裏2本なわ編み」という。

6 続けて編んだところ。なわ編みの模様が前段とは逆になっている。この2段の編み方を矢羽根編みという。

2本なわ編みの矢羽根編み
この編み方は2段（❷-3〜7）で1模様になる編み方です。1段めを表2本なわ編み、2段めは裏2本なわ編みで編みます。

7 裏2本なわ編みを1周編んだら、**3**で追加した編み糸をカットする。

8 続けて高さが6cmになるまで素編みをする。編み上がりは直径約13.5cmが目安。

編み終わりを始末する　>>> 3本なわ編み

1、2はわかりやすいように追加した編み糸に色をつけている。

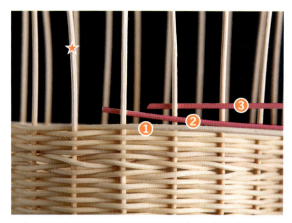

1 編み糸（編み地の1周分より長め）を2本（❷、❸）、写真のように竪芯の間に入れる。

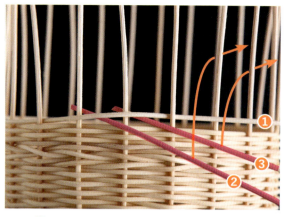

2 ❶の編み糸を右隣の竪芯2本の手前を通り、3本めをすくって編む。

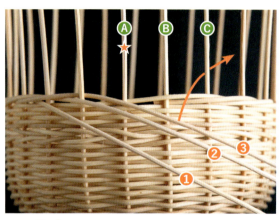

3 ❷、❸の編み糸も2の矢印のように竪芯2本の手前を通り、3本めをすくって編む。これを「3本なわ編み」という。続けて3本なわ編みを1周編む。編み始め（★）まできたら、❸の編み糸を3本先の竪芯 Ⓒ にかける。

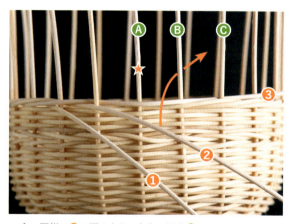

4 同様に❷の編み糸を3本先の竪芯 Ⓑ にかける。

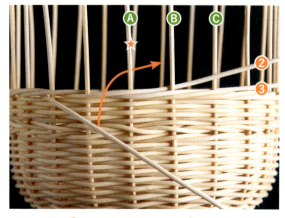

5 同様に❶の編み糸を3本先の竪芯 Ⓐ にかける。

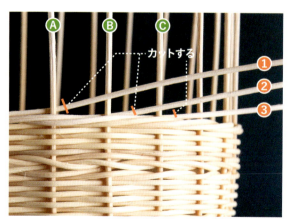

6 3～5の作業を3本なわ編みの「段消し」という。それぞれの編み糸を竪芯にかかるようにカットする。

4 縁を止める >>> 3回止め（内返し2本先）

I. 丸針さしの❹（P.102）と同じ要領で止める。

1 竪芯を水で湿らせてやわらかくし、エンマで横にかむ。3本なわ編みの編み終わり以外から3回止めを始める。まず1つめの竪芯を裏側へ倒しながら、右隣の竪芯1本の後ろを通り、外へ出す（内から外）。同様にすべての竪芯を倒す。

2 最後の竪芯は最初の竪芯の山に入れて外へ出す。止めの1回めができた。

3 止めの2回めは竪芯1本を右隣の竪芯の上を通り、❸の山に入れる。ゆるみがないようにしっかり引く。
※P.102とは竪芯を差し込む位置が違うので注意する。

4 すべての竪芯を同様に差し込み、最後は❶の山（3の写真参照）に入れる。止めの2回めができた。

5 続けて裏側に出した竪芯3本を中央に向けて持ち上げる。

6 1本めを2、3本めの竪芯の手前を通り、裏側へ倒す。これを「内返し2本先」という。倒した竪糸は中指と親指で挟んでしっかり押さえる。

7 同様にすべての竪芯を倒す。残り2本の1本めはすでに倒した竪芯の山に入れる。

8 最後の竪芯は7の右隣の山に入れる。止めの3回めができた。余分な竪芯を裏側で交差した竪芯の下でカットする。

かごの
できあがり

※布をつけずにこのまま使ってもかまわない。

5 布をつける

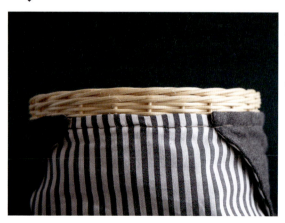

好みの布をかごのサイズに合わせて三角形に2枚縫い、矢羽根編みの模様の隙間に針を通しながら縫いつける。

布の形はお好みで。作品は無地と柄の組み合わせですが、長方形の布で巾着タイプにしてもかわいい。

できあがり

リング
十字組み
井桁組み
米字組み
あわじ結び
楕円底

ワックスペーパーなどを敷き、おにぎりやパン、お菓子を入れて。通気性がよいので食べ物を入れても安心。

K. 飾りかご

- **材料**
  丸芯／太さ2.5mm
  - 竪芯 55cm 10本
  - 増し芯 22cm 19本
  - 編み糸 85g

- **できあがりサイズ**：
  直径約16cm × 高さ約10cm

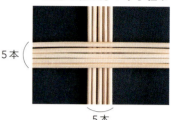
● 竪芯の組み方：十字組み

How to make

 ### 底を編む >>> 十字組み・うず編み・素編み

C.小皿の❶（P.78）と同じ要領で十字組みをする。底は、**I.**丸針さしの❷-1〜5（P.100）と同じ要領で編む。

❶竪芯を十字に重ね（縦5本の上に横5本）、やわらかい編み糸を2周巻いたら、竪芯をひっくり返して、編み糸をターンさせて2周巻く。
❷竪芯を下2本・上2本と交互にすくいながら1周編む。
❸次の周の竪芯2本のうち、左側1本をカットする（P.101❷-3参照）。
❹竪芯を上2本・下2本と交互にすくいながらうず編みをし、直径6cmになったら竪芯1本で直径12cmまで素編みをする。
うず編み … P.101❷-3〜4

 ### 側面を編む >>> 3本なわ編み・素編み

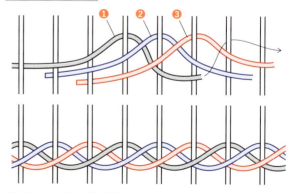
3本なわ編み

編み糸3本はそれぞれ竪芯2本の上を通り、3本めの竪芯をすくって編む。

1 編み糸（編み地の2周分より長め）を2本、写真のように竪芯の間に入れる。3本なわ編みを1周編んで段消しをする。編み糸は3本ともカットせずに残しておく。
3本なわ編み、段消し … P.106❸

2 竪芯を水で湿らせてやわらかくし、エンマで縦にかむ。すべて同様に行う。
エンマの使い方 … P.63

3 編み始めの竪芯を中心に向かって裏側へ倒す。こうすることで根元が締まり、編み始めがゆるまずきれいに編める。

4 竪芯2本を裏側に倒したら、3本なわ編み（❶の編み糸を★の竪芯をすくって編むところからスタート）で編む。

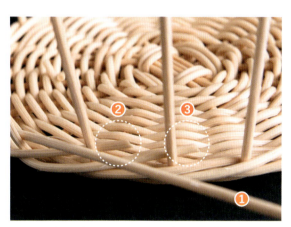

5 3本なわ編みで1周したら段消しする。❶の編み糸のみ残し、❷と❸をそれぞれの編み始め位置でカットする。必ず竪芯にかかるようにする。これを「根締め」の3本なわ編みという。

6 高さ1cmまで竪芯1本で素編みをする。

※目打ちで指先を突かないように注意。

7 竪芯の左側に目打ちを差し込み、隙間をあけ、増し芯を1本差し込む。増し芯は底から出ないように指で押さえて差す。

8 同様にすべての竪芯に増し芯をする。

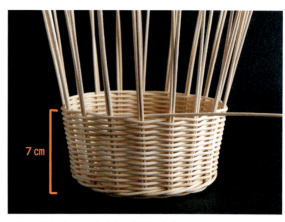

9 高さが7cmになるまで素編みをする。

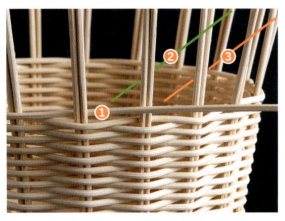

10 編み糸(編み地の1周分より長め)2本を竪芯の間に入れ、3本なわ編みを1周編む。

11 3本なわ編みを1周編んだら段消しをし、編み糸をカットする。端は必ず竪芯にかかるようにする。

◆3 縁を止める >>> うろこ止め

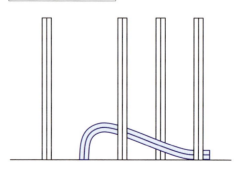

竪芯の動かし方

1 竪芯を右へ倒し、1本めの竪芯の後ろを通って2本めの竪芯の前に出し(内から外)、3本めの竪芯の裏側に出す(外から内)。

2 竪芯が最後の2本になったら、最初の2つの山をほどく。

3 さらに**1**をくり返し、最後の竪芯は1本ずつ、矢印のように2つの山にていねいに通す。

4 うろこ止めができた。

5 裏側に出た竪芯を表側の竪芯にかかるように斜めにカットする。

できあがり

L. 小物入れ

- **材料**
  丸芯／太さ2mm
  - 竪芯 65cm 11本
  - 増し芯 6cm 21本
  - 編み糸 60g

- **できあがりサイズ：**
  直径約14cm × 高さ約7cm

約14cm / 約7cm

● **竪芯の組み方：十字組み**

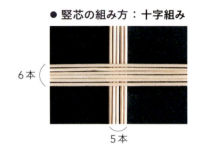

6本 / 5本

How to make

1 底を編む

❶竪芯を十字組みしてやわらかい編み糸で編む（2周巻いてひっくり返し、編み糸をターンさせて2周巻く）。
❷竪芯を下2本・上2本と交互にすくって1周編み、次の周の竪芯2本のうち、左側1本をカットして、直径6cmまで竪芯2本（上2本・下2本）でうず編み。
うず編み … P.101 ❷-3〜4
❸直径11cmまで竪芯1本（上1本・下1本）で素編み。
素編み … P.81 ❷-1〜5
❹編み糸を2本足して3本なわ編みを1段編み、段消し。編み糸は3本残す。
3本なわ編み、段消し … P.106 ❸

2 根締めの3本なわ編みを編む

❶竪芯を水で湿らせてやわらかくし、エンマで縦にかんで折りぐせをつける（P.98 ❷-1〜2参照）。
エンマの使い方 … P.63
❷根締めの3本なわ編みを1段編んで、段消し（P.111 ❷-2〜5参照）。編み糸を1本残してカット。

3 増し芯をする

❷から素編みで約1cm編んだら、増し芯を竪芯の右脇に1本ずつ差し込む（P.111 ❷-6〜8参照）。

4 側面を編む

高さ6cmまで竪芯2本1束（上1束・下1束）で素編み。編みあがりの直径は約13.5cmが目安。

5 3本なわ編みを編む

3本なわ編みを1段編んで、段消し。編み糸3本をカット。

6 縁を止める

❶竪芯を水で湿らせてやわらかくし、エンマで横にかんで、3回止め（内返し2本先）。
3回止め … P.107 ❷
❷余分な竪芯をカット。

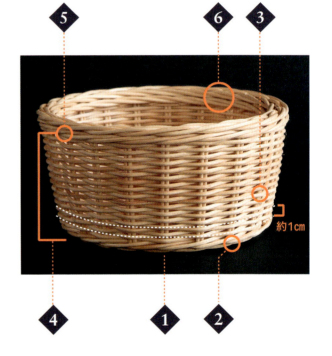

M. ごみばこ

● 材料
丸芯／太さ2.5mm
- 竪芯 110cm 13本
- 増し芯 22cm 25本
- 編み糸 80g

● できあがりサイズ：
直径約20cm × 高さ約22.5cm

約20cm
約22.5cm

● 竪芯の組み方：十字組み

7本
6本

How to make

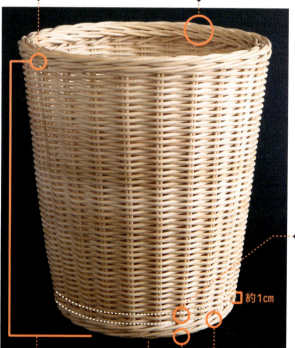

約1cm

1 底を編む

❶竪芯を十字組みしてやわらかい編み糸で編む（2周巻いてひっくり返し、編み糸をターンさせて2周巻く）。
❷竪芯を下2本・上2本と交互にすくって1周編み、次の周の竪芯2本のうち、左側1本をカットして、直径8cmまで竪芯2本（上2本・下2本）でうず編み。

うず編み … P.101 ❷-3～4

❸直径13cmまで竪芯1本（上1本・下1本）で素編み。

素編み … P.81 ❷-1～5

❹編み糸を2本足して3本なわ編みを1段編み、段消し。編み糸は3本残す。

3本なわ編み、段消し … P.106 ❸

2 根締めの3本なわ編みを編む

❶竪芯を水で湿らせてやわらかくし、エンマで縦にかんで折りぐせをつける（P.98 ❷-1～2参照）。

エンマの使い方 … P.63

❷根締めの3本なわ編みを1段編んで、段消し（P.111 ❷-2～5参照）。編み糸は3本残す。

3 3本なわ編みを編む

形を整えるためにもう1段3本なわ編みを編んで、段消し。編み糸を1本残してカット。

4 増し芯をする

❸から素編みで約1cm編んだら、増し芯を竪芯の右脇に1本ずつ差し込む（P.111 ❷-6～8参照）。

5 側面を編む

高さ22cmまで竪芯2本1束（上1束・下1束）で素編み。編みあがりの直径は約20cmが目安。
※入れ口側が少し広くなるように、竪芯をやや外側へ押し出すように編む。

6 3本なわ編みを編む

3本なわ編みを1段編んで、段消し。編み糸3本をカット。

7 縁を止める

❶竪芯を水で湿らせてやわらかくし、エンマで横にかんで、3回止め（内返し2本先）。

3回止め … P.107 ❷

❷余分な竪芯をカット。

※3回止めのあと、もう1回、内返しをすると強度が上がる。

N. ふたつきかご（ふた）

● 材料
丸芯／太さ2mm
├ 竪芯 70cm 15本
└ 編み糸 60g

● できあがりサイズ：
　直径約19.5cm × 高さ約4cm

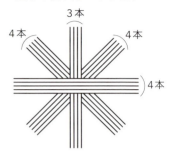

約19.5cm
約4cm

● 竪芯の組み方：米字組み

3本
4本
4本
4本

How to make

 底を編む

❶竪芯を米字組みしてやわらかい編み糸で編む（2周巻いてひっくり返し、編み糸をターンさせて2周巻く）。
❷竪芯を上2本・下2本と交互にすくって1周編み、次の周の竪芯2本のうち、左側1本をカットして、直径9cmまで竪芯2本（下2本・上2本）でうず編み。
うず編み … P.101 ❷-3〜4
❸直径14cmまで竪芯1本（上1本・下1本）で素編み。
素編み … P.81 ❷-1〜5

2 側面を編む

❶竪芯の立ち上がりに丸みをつける（P.101 ❷-6参照）。
❷高さ3cmまで竪芯1本（上1本・下1本）で素編み。編みあがりの直径は約19cmが目安。

 3本なわ編みを編む

3本なわ編みを1段編んで、段消し。編み糸3本をカット。
3本なわ編み、段消し … P.106 ❸

4 縁を止める

❶竪芯を水で湿らせてやわらかくし、エンマで横にかんで、3回止め（内返し2本先）。
3回止め … P.107 ❷
❷余分な竪芯をカット。

できあがりの直径が
下かごと同寸になるように、
寸法を確認しながら
編みましょう！

使うときは…
底側を上にしてふたにします。

Photo_P.16

O. ふたつきかご（下かご）

● 材料

丸芯／太さ2mm
- 竪芯 80cm 15本
- 増し芯 7cm 29本
- 編み糸 110g

● できあがりサイズ：
直径約19.5cm × 高さ約8cm

● 竪芯の組み方：米字組み

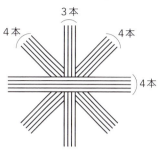

約19.5cm
約8cm
3本
4本
4本
4本

How to make

1 底を編む

❶竪芯を米字組みしてやわらかい編み糸で編む（2周巻いてひっくり返し、編み糸をターンさせて2周巻く）。
❷竪芯を上2本・下2本と交互にすくって1周編み、次の周の竪芯2本のうち、左側1本をカットして、直径9cmまで竪芯2本（下2本・上2本）でうず編み。
うず編み … P.101 ❷-3〜4
❸直径17cmまで竪芯1本（上1本・下1本）で素編み。
素編み … P.81 ❷-1〜5
❹編み糸を2本足して3本なわ編みを1段編み、段消し。編み糸は3本残す。
3本なわ編み、段消し … P.106 ❸

2 根締めの3本なわ編みを編む

❶竪芯を水で湿らせてやわらかくし、エンマで縦にかんで折りぐせをつける（P.98 ❷-1〜2参照）。
エンマの使い方 … P.63
❷根締めの3本なわ編みを1段編む（P.111 ❷-2〜5参照）。編み糸を1本残してカット。

3 増し芯をする

❷から素編みで約1cm編んだら、増し芯を竪芯の右脇に1本ずつ差し込む（P.111 ❷-6〜8参照）。

4 側面を編む

高さ7cmまで竪芯2本1束（上1束・下1束）で素編み。編みあがりの直径は約19cmが目安。

5 3本なわ編みを編む

3本なわ編みを1段編んで、段消し。編み糸3本をカット。

6 縁を止める

❶竪芯を水で湿らせてやわらかくし、エンマで横にかんで、3回止め（内返し2本先）。
3回止め … P.107 ❷
❷余分な竪芯をカット。

P. なべしき

- **材料**
  丸芯／太さ2mm
  - 竪芯 43cm 13本
  - 編み糸 25g
- **できあがりサイズ:**
  直径約13cm × 高さ約1cm

約13cm

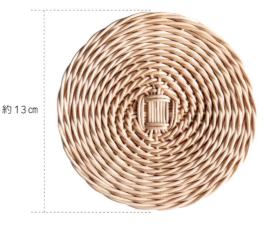

● 竪芯の組み方：十字組み

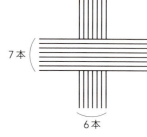

7本

6本

How to make

底を編む >>> 十字組み・うず編み

C.小皿の❶（P.78）と同じ要領で十字組みをする。

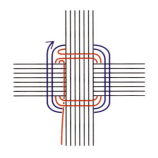

1 竪芯を十字に重ね（縦6本の上に横7本）、やわらかい編み糸を2周巻いたら、竪芯をひっくり返し、編み糸をターンさせて2周巻く。

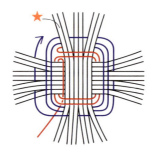

2 続けて、竪芯を2本ずつ（編み糸を下2本・上2本の順に通す）に分けながら1周編む。

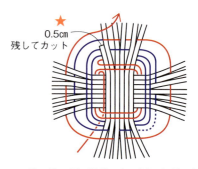

0.5cm残してカット

3 次の周の竪芯2本のうち、左側1本（**2**の★）をカットし、竪芯を2本ずつ（上2本・下2本の順）交互にすくいながらうず編みをする。1周編むと竪芯が1本ずつに分かれる。
うず編み … P.101❷-3〜4

4 直径12cmまで編み糸を中心に向かって強くかき込みながらうず編みをする。竪芯が見えなくなるくらい目を詰めて編むとよい。

重ね継ぎ

編み糸が足りなくなったとき、竪芯2本にかかるように次の編み糸を継ぐ方法。編み糸の端同士を重ね合わせるので強度があり、継ぎ目が裏側に出ないため、きれいに仕上がる。編み糸はやわらかくコシのある丸芯を選ぶ。

1 編み糸が次の竪芯にかからないくらいの長さになったら、1つ手前の竪芯に重なる位置（表側）でカットする。

2 編み終わりを始末する　>>> 3本なわ編み

1 最後の1周は、最初の竪芯Ⓐの右隣の竪芯Ⓑ、Ⓒ2本に編み糸（編み地の1周分より長め）を2本（❷、❸）、写真のように入れる。それぞれ竪芯にかかるようにする。
※わかりやすいようにⒶの竪芯に印をつけている。

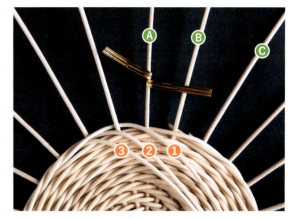

2 最初の竪芯Ⓐの手前まで3本なわ編みを1周編む。
3本なわ編み … P.106 ❸ -1～3

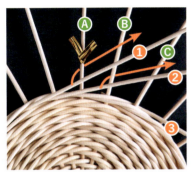

3 編み始めまできたら、今度は編み糸を❶→❸ではなく、❸→❶の順に竪芯にかけていく。まず❸の編み糸を3本先の竪芯Ⓒにかけて、前に出す。

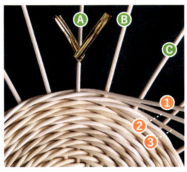

4 同様に❷の編み糸をⒷの竪芯、❶の編み糸をⒶの竪芯にかけて、前に出す（3本なわ編みの段消し）。

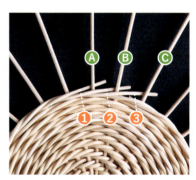

5 それぞれの編み糸を竪芯にかかるようにカットする。

2 新しい編み糸の先を斜めにカットし、重なる部分を目打ちの柄などで叩いて繊維をつぶす。こうすることで重ねても厚みが出すぎない。

3 2の編み糸を矢印のように編んできた編み糸と差し違いになるように差し込む。

4 継いだ位置がきれいに重なった。これを「重ね継ぎ」という。

3 縁を止める >>> 横に止める3回止め

1 竪芯を水でやわらかくし、エンマで横にかむ。すべて同様に行う。
エンマの使い方 … P.63

2 編み糸をカットした位置以外から3回止めを始める。まず1つめの竪芯を裏側へ倒しながら、2つめの竪芯の後ろを通り、表側へ出す。

3 表側に出した竪芯を引いて2つめの竪芯の根元にきっちりつける。

4 2、3をくり返す。

5 最後の竪芯は1つめの山に入れ、表側へ出す。

6 すべて倒したところ。止めの1回めができた。

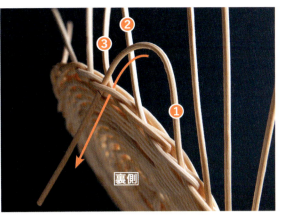

7 止めの2回めは、1つめの竪芯❶を2つめの竪芯❷の後ろを通って、3つめの山に入れ、裏側へ出す。

8 すべての竪芯を同様に裏側へ出す。最後の竪芯は1つめの山に入れる。止めの2回めができた。

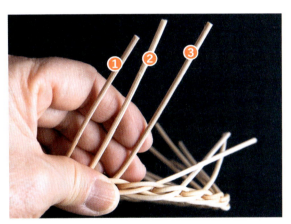

9 止めの3回めは、まず竪芯3本を手にとる。

10 1本め❶を2、3本め（❷、❸）の竪芯の手前を通り、右横へ倒す。

竪芯の動かし方

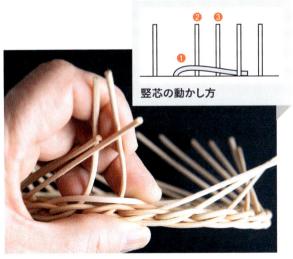

11 倒した竪芯の端は4本めの竪芯の後ろに寝かせ、中指と親指でしっかり押さえる。

できあがり

12 同様にすべての竪芯を倒す。止めの3回めができた（横に止める3回止め）。余分な竪芯を裏側で交差した竪芯の下でカットする。短いとはずれ、長いと引っかかるので加減しながらカットする。

Photo_P.43

Q. どんぐりかご

- ● 材料

  丸芯／太さ2.5mm
  - 竪芯 110cm 13本
  - 編み糸 225g
  - 巻き芯（つかむ部分）200cm 1本
  - 巻き芯（手芯全体）400cm 2本
  - 巻き芯（手芯根元用）70cm 2本

  丸芯／太さ5mm
  - 手芯 40cm 2本

  フローラルテープ 適量
  ※フローラルテープはやわらかく、耐水性・伸縮性に富んだフラワーアレンジメントなどで使われるテープ。

- ● できあがりサイズ：
  幅約22cm × 高さ約20cm
  （持ち手含まず）

18cm / 約20cm / 約22cm

● 竪芯の組み方：十字組み

7本 / 6本

How to make

底を編む >>> 十字組み・うず編み

C.小皿の❶（P.78）と同じ要領で十字組みをする。

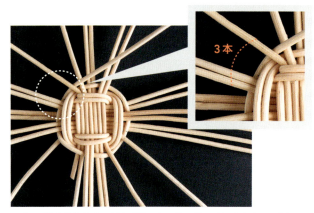

1
- ❶竪芯を十字に重ね（縦6本の上に横7本）、やわらかい編み糸を2周巻いたら、竪芯をひっくり返して、編み糸をターンさせて2周巻く。
- ❷竪芯を下2本・上2本と交互にすくいながら1周編む。
- ❸竪芯の最後の2本は、次の周の竪芯1本と合わせ、3本で編む。

2 次からも周の最後だけ、竪芯を3本すくって編む。1周ごとにこの場所で、竪芯をすくう位置が1本ずつずれるため、編み地がうず編みになる。

周の最後は前段で3本すくったところが1本分、手前にずれる。

POINT
通常は底をうず編みするために竪芯を1本カットするが、この作品は周の最後だけ竪芯を3本すくって編み、うず編みになるようにする。これは持ち手を対称につけられるように竪芯を偶数本にするため。

3 直径9.5cmまでうず編みをしたら、編み始めに印をつけ、編み糸（編み地の1周分より長め）2本（❷、❸）を、竪芯の間に入れる。

4 3本なわ編みを1周編み、最後に段消しをし、❸の編み糸のみカットする。
3本なわ編み、段消し… P.106 ❸

2 側面を編む >>> 追いかけ編み・3本なわ編み・3回止め（内返し2本先）

追いかけ編み

1　3本なわ編みのあと、すべての竪芯を水で湿らせてやわらかくし、エンマで縦にかむ。
エンマの使い方 … P.63

2　編み糸2本で直径が12cmになるまで平らに追いかけ編みをする。
追いかけ編み … P.131 ❶-10

3　❶竪芯を指の間に挟んで等間隔に揃え、丸みをつける（P.101_❷-6参照）。
❷竪芯を立ち上げ、追いかけ編みで高さ19cmまで編む（エンマでかんでいるため、底からの立ちあがりはゆるやかなカーブになる）。直径が22cmより広がらないように注意し、半分より上はやや内側に押さえて編む。編み上がりは直径約17cmくらいが目安。
❸編み芯を1本（編み地の1周分より長め）、竪芯の間に入れる（P.132 ❶-14参照）。3本なわ編みを1周編み、最後に段消しをして編み糸3本をカットし、3回止め（内返し2本先）で縁を止める。
3本なわ編み、段消し … P.106 ❸
3回止め … P.107 ❷

4　買い物かご（P.134～P.139 ❸❹）と同じ要領で持ち手をつける。手芯つけ位置と巻き芯を差し込む位置は下記参照。

巻き芯は前後で逆向きに巻く
約8.5cm
後ろ面　前面

| 持ち手の高さの目安 |
※前後で手芯の高さが揃っているか確認する。

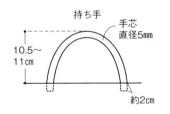

持ち手　手芯直径5mm
10.5～11cm
約2cm

| 手芯つけ位置 |
▼が手芯つけ位置（中心の竪芯から左右1本めの竪芯の外側）。ここに目打ちを入れて隙間をあける。

| 巻き芯を差す位置 |
数字は巻き芯（400cm）を差し込む順序。**オレンジ**の数字は前面、**グリーン**の数字は後ろ面。●●は根元の巻き芯（70cm）を差す位置。

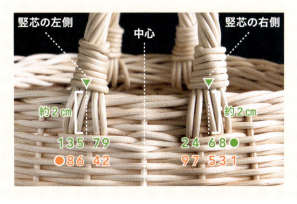

竪芯の左側　中心　竪芯の右側
約2cm　約2cm
135　79　　24　68●
●86　42　　97　53 1

3 持ち手を1つにまとめる

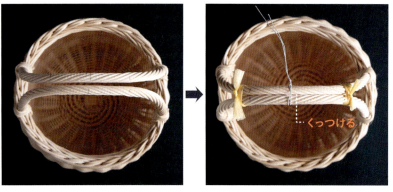

1 持ち手2本を合わせて中央をワイヤーでくくり、両脇をひもで結ぶ。
※巻き芯でかくれない部分はひもで結ぶ。

2 ワイヤーをはずして、持ち手の中央8cmにフローラルテープ（以下、テープ）を巻く。

3 巻き芯（200cm）の端4cmを軽く折り、写真のように持ち手の裏側に沿わせて持つ。

4 巻き芯をテープの上からゆるまないようにきっちり巻いていき、最後の3回はゆるめに巻く。

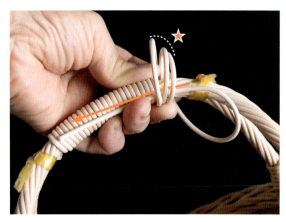

5 巻き芯の端を4の輪（★）の中に通し、持ち手の裏側に沿わせる。

6 内側の輪から順に巻き直してゆるみをなくす。

7 最後は巻き芯の端を引っ張って引き締める。

8 引き締めたところ。

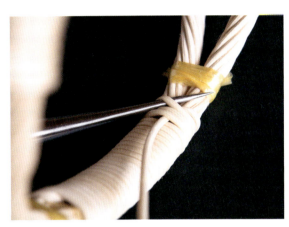
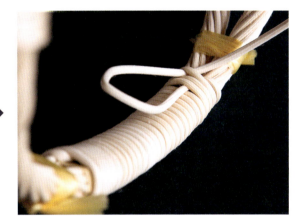

9 続けて一番端に巻いた芯の間に目打ちを入れて隙間を作り、巻き芯の端を通す。芯がねじれないように注意する。

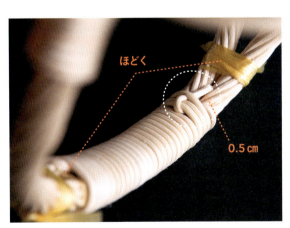

10 巻き芯の端をきつく引いて端を0.5cm残し、余分な芯をカットする。両端のひもをほどく。

できあがり

あわじ結び

Photo_P.17

R. おしぼり置き

- 材料
  丸芯／太さ2.5mm
    └ 180cm 4本
- できあがりサイズ：
  長さ約19cm×幅約8.5cm

約19cm　約8.5cm

● 丸芯の結び方：あわじ結び

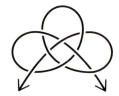

How to make

 あわじ結びをする

わかりやすいように、4本の丸芯の中央から左を芯A、中央から右を芯Bとする。

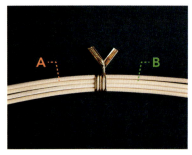

1 丸芯（以下、芯）4本を揃えて中央に印をつける。

2 芯Aの上に芯Bを重ねて輪を作る。交点を指で押さえる。

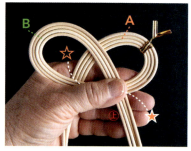

3 左下の芯Bでもう一つ輪を作る。交点（★）を指で押さえる。

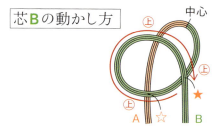

芯Bの動かし方

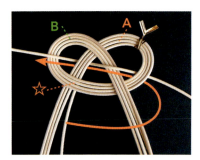

4 左下の芯Aを内側から1本ずつ矢印のように輪の中に通す。

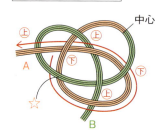

芯Aの動かし方

5 4本とも通したところ。これを「あわじ結び」という。

126

2 形を整える

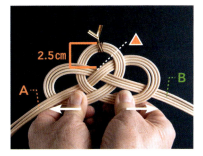
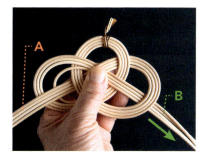

幅の目安

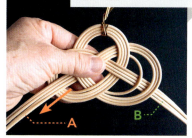

1 下二つの輪を写真のように持ち、左右に引いて中央の輪を小さく引き締める。輪の大きさの目安は写真の寸法を参照。

2 次に芯の交点（1の▲）を指で挟んで押さえ、芯Bを1本ずつ引いて、中央の輪と大きさが揃うように少しずつ引き締める。

3 芯Aは、芯の交点（1の▲）を指で挟んで押さえ、2と同様に少しずつ引き締める。幅の目安は7.5〜7.8 cm。

3 連続して組む

芯Bの動かし方

1 芯Aを上に置いて芯Bで輪を作る（❶-3とは上下が逆になるので注意）。交点（●）を指で押さえる。

2 左下の芯Aを内側から1本ずつ矢印のように輪の中に通す。

3 ❷と同様に形を整える。

4 3つめのあわじ結びは❶と同様に組み、形を整える。

5 3つのあわじ結びができた。

◆4 結び終わりを始末する

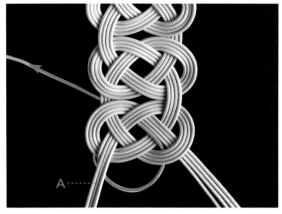

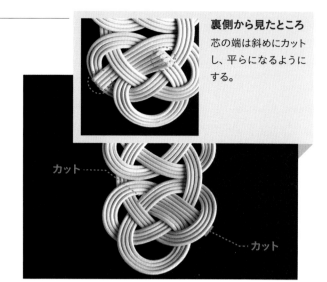

裏側から見たところ
芯の端は斜めにカットし、平らになるようにする。

1 芯Aを外側から1本ずつ、矢印のように通す。

2 余分な芯を裏側でカットする。

アクセサリーにアレンジ

あわじ結びのくり返しの数で雰囲気がガラリと変わります。ちょっと頑張って丸いボール（あわじ玉）にしてもかわいい。おしぼり置きは太さ2.5mmの丸芯を使いましたが、アクセサリーにするときは太さ2mmの丸芯を選んでください。

Photo_P.37

かんざし

● 材料
丸芯／太さ2mm
└ 55cm 3本
かんざし金具 1個

● できあがりサイズ：
長さ約5cm × 幅4.5cm

❶あわじ結びを1つ作って、結び終わりの始末（◆4）をする。
❷アクセサリーパーツのかんざし金具を手芸用接着剤で固定する（もしくは糸で結びつける）。

Photo_P.37

マジェステ

● 材料
丸芯／太さ2mm
└ 70cm 3本
長さ約11cmの小枝 1本

● できあがりサイズ：
長さ約8.5cm × 幅4.5cm

❶あわじ結びを連続して2つ作り、結び終わりの始末（◆4）をする。
❷留め具用の小枝を差し込む。丸芯は好みで染色しても。

Photo_P.36

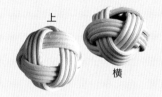

上
横

ヘアゴム

● 材料
丸芯／太さ2mm
└ 130cm 1本
ヘアゴム 好みの長さを1本

● できあがりサイズ：
直径約2.5cm

❶あわじ玉を作る（P.129あわじ玉の作り方参照）。
❷好みの長さのヘアゴムを通して結ぶ。丸芯は好みで染色しても。

3 やや内側に向けて丸みをつけるように形を整える。

できあがり

あわじ玉の作り方

あわじ結びをベースに小さな玉を作ります。1回めに結んだ玉を土台にして、そこに芯を何回通すかで密度を加減します。作品のヘアゴムは4回通しの玉です。

1 芯Aの長さを端から30cmにしてあわじ結びをし（P.126❶参照）、芯Bを矢印のように輪に通す。4つの輪の大きさは同じにする。

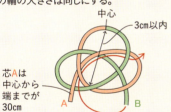

中心
3cm以内
芯Aは中心から端までが30cm
A　B

2 芯Bを通したところ。4弁の花びらのような形になる。それぞれの輪を下向きに丸く整え、玉の土台を作る。

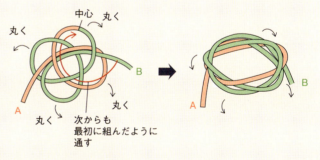

中心
丸く　丸く
丸く　丸く
次からも最初に組んだように通す
A　B

3 あと3回、1と同様に芯Bを通していき、形を整えながらきれいな玉にする。最後に芯Bを矢印のように通す。

中心
※図はわかりやすいように平面の状態にして描いているが、実際は4のような球状になる。
A　B

4 余分な芯をカットする。

B
カット
カット　A

S. 買い物かご

● 材料

丸芯／太さ2.5mm
- 竪芯 95cm 14本
- 竪芯 110cm 6本
- 増し芯 50cm 16本
- 巻き芯（手芯全体）350cm 2本
- 巻き芯（手芯根元用）70cm 2本
- 編み糸 205g

丸芯／太さ4mm
- 手芯 35cm 2本

土台用の板 30cm×45cm

ガムテープ

● できあがりサイズ：幅約22.5cm × 高さ約17cm × 奥行15cm（持ち手含まず）

約17cm　約22.5cm

How to make

1 底を組む >>> 2本なわ編み・追いかけ編み・3本なわ編み

1 土台用の板にガイド線を描く。寸法は写真参照。

POINT
ガムテープは竪芯の束との間に隙間ができないように、縦のガイド線に沿って貼る。

2 95cmの竪芯を横のガイド線（2.3cm幅）の上にガムテープで貼る。一番上の4本はガイド線を中心に上2本、下2本になるように置く。続く2本、2本、2本、4本はガイド線の下に沿って置く（合計14本）。

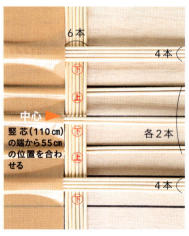

3 110cmの竪芯6本を2の竪芯の間に縦のガイド線に沿って挟む。竪芯の中心（端から55cm）を揃える。

4 やわらかい編み糸を二つ折りし、110cmの竪芯の1番上にかける。

竪芯を交差させたら90度折り曲げる。

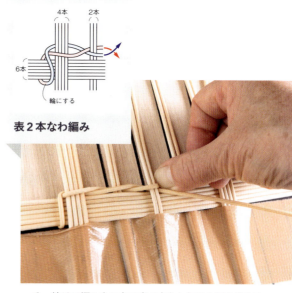

表2本なわ編み

5 編み糸を縦の竪芯の右脇で交差させて輪を作り、横の竪芯の上と下にのばす（6の図参照）。

6 続けて編み糸2本で表2本なわ編みを編み進める。

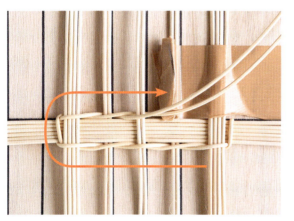

7 端まできたら180度回転させ、同様に編み進める。竪芯を1つ編むごとにガムテープをはがしていく。

8 1周編んだら、土台用の板から外す。

休ませておく

9 2周めも同様に編む。3周めは編み糸1本（★）だけで、竪芯を2本ずつに（編み糸を上2本・下2本順に通す）分けながら素編みで1周編む。
素編み … P.81 ❷-1〜5

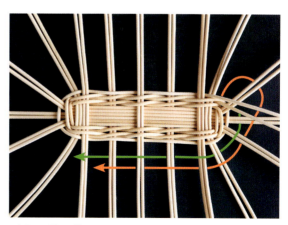

10 3周めが編めたところ。竪芯がすべて2本ずつに分かれている。次からは2本の編み糸で前の編み糸を追いかけるように交互に素編みする。これを「追いかけ編み」という（P.132の図参照）。

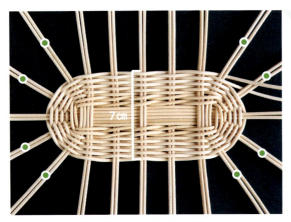

11 追いかけ編みで幅が7cmになるまで編む。

追いかけ編み

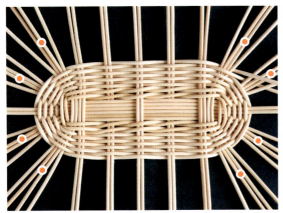

12 11の●印の竪芯の中央に目打ちを入れて隙間をあける。そこに先を斜めにカットした増し芯（●）を2本1組にして差し込む（P.88 ❸-1〜3参照）。

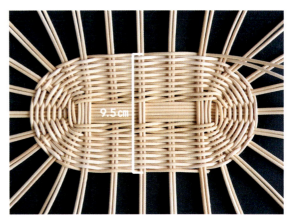

13 追いかけ編みを1周して増し芯した部分の竪芯を2本ずつに分け、そのまま幅が9.5cmになるまで追いかけ編みをする。

14 編み糸を1本（編み地の1周分より長め）、写真のように竪芯の間に追加する。

15 3本なわ編みを1周編み、最後に段消しをして、右端の編み糸をカットする。
3本なわ編み、段消し … P.106 ❸

2 側面を編み、縁を止める >>> 3本なわ編み・3回止め（内返し2本先）

1　3本なわ編みのあと、すべての竪芯を水で湿らせてやわらかくし、エンマで縦にかむ。続けて幅が12cmになるまで平らに追いかけ編みをする。

2
❶ 竪芯を指の間に挟んで等間隔に整える。
❷ 竪芯に丸みをつけながら立ち上げ、追いかけ編みで高さ10cmまで編む。
❸ 竪芯をやや内側に倒しながら、続けて高さ15cmまで追いかけ編みをする。竪芯の両脇の中心、前面・後ろ面の中心がずれないように竪芯の幅を確認しながら編む。
※底を途中でチェックし、湾曲していたら押し上げて（または押し下げて）平らにする。

端は0.5〜0.8cm残しておく。
※もう1本の竪芯を一緒にカットしないように注意する。

3　高さが15cmになったら、竪芯2本のうち、右側1本をカットする。すべて同様にカットする。

縁の裏側
縁の際で余った竪芯をカットする。

4　P.132の❶-14と同じ要領で編み糸を1本（編み地の1周分より長め）、竪芯の間に追加する。3本なわ編みを1周編み、最後に段消しをして、それぞれの芯をカットする。
3本なわ編み、段消し … P.106 ❸

5　竪芯を水でやわらかくしてエンマで横にかむ、3回止め（内返し2本先）で縁を止める。
3回止め … P.107 ❷

◆3 持ち手をつける（前面）

1 直径4mmの丸芯（35cm）をガスコンロの火（中火）などであぶる。
※こげないように注意する。

2 熱いうちに手でためながら、丁寧に丸みをつける。

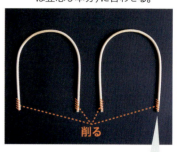

3 2本作る。手芯の幅は編みあがったかごの手芯つけ位置（目安は竪芯5本分）に合わせる。

削る

芯の先は写真の位置くらいまで差す。

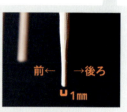

横から見たところ
芯の先は前後の面をナイフで薄く削って平たくしておく（厚さ1mmくらい）。
前← →後ろ
1mm

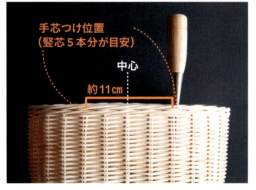

手芯つけ位置（竪芯5本分が目安）
中心
約11cm

4 手芯つけ位置は中心の竪芯から左右2本めの竪芯の外側。ここに目打ちを入れて隙間をあける。

中心
約10.5cm

5 3の芯を差し込む。

巻き芯を差す位置

P.135〜139の❸-6〜❹までの工程で本体に巻き芯を差し込む位置。
グリーンの数字は前面、**オレンジ**の数字は後ろ面の順序。

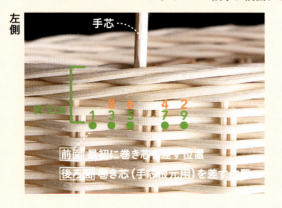

左側 手芯
約2cm
8 6 4 2
1 3 5 7 9

前面 最初に巻き芯を差す位置
後ろ面 巻き芯（手芯根元用）を差す位置

右側 手芯
9 7 5 3 1
2 4 6 8
約2cm

前面 巻き芯（手芯根元用）を差す位置
後ろ面 最初に巻き芯を差す位置

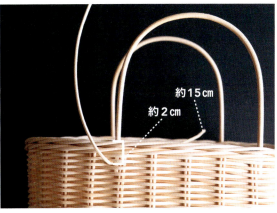

6 350cmの巻き芯を「巻き芯を差す位置1（P.134）」に表側から裏側へ差し込む。芯の端は約15cm残しておく。

7 巻き芯を手芯に<u>左回り</u>で巻きつけていく。目安は4回。固くしっかり巻く。よじれると折れるので注意する。

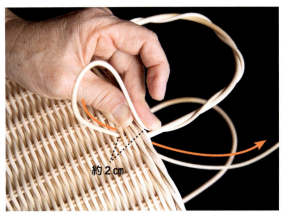

8 手芯の右端まできたら、「巻き芯を差す位置2（P.134）」に表側から裏側へ差し込む。

9 巻き芯を7〜8で巻いた芯にぴったり沿わせて折り返す。ゆるみが出ないように丁寧に巻きつけていく。
※わかりやすいように巻き芯に色をつけている。

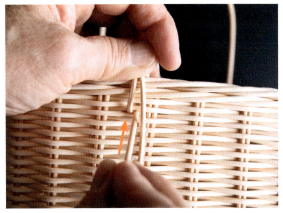

10 手芯の左端まできたら、「巻き芯を差す位置3（P.134）」に表側から裏側へ差し込む。

11 9と同じように折り返して、手芯に巻きつける。
※わかりやすいように巻き芯に色をつけている。

12 手芯の右端まできたら「巻き芯を差す位置4(P.134)」に表側から裏側へ差し込む。

13 9と同じように折り返して、手芯に巻きつける。

14 手芯の左端まできたら、「巻き芯を差す位置5(P.134)」に表側から裏側へ差し込み、右端まで同様に巻きつける。

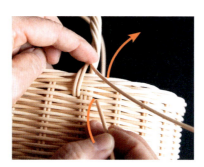

15 手芯の右端まできたら、「巻き芯を差す位置6(P.134)」に表側から裏側へ差し込む。

16 9と同じように折り返して、手芯に巻きつける。

17 手芯の左端まできたら、「巻き芯を差す位置7(P.134)」に表側から裏側へ差し込む。

18 続けて右端まで巻いたら「巻き芯を差す位置8(P.134)」に通して同様に折り返し、左端まで巻いたら「巻き芯を差す位置9(P.134)」に表側から裏側へ差し込む。

19 裏側に出した巻き芯を手芯の根元にひと巻きする。

上から見たところ
※わかりやすいように巻き芯に色をつけている。

20 続けて、あと5～6回きっちり巻き、巻き芯の端を矢印のように手芯の根元に通す。

21 巻き終わりの巻き芯の端を裏側に出したところ。

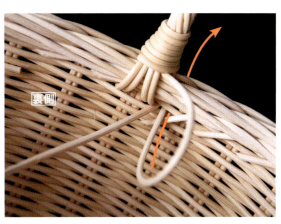

22 巻き終わりの巻き芯を巻き始め位置から表側へ出す。

23 表側に出したところ。

24 右隣の竪芯を1つ飛ばして、2つめの竪芯の左脇に差し込む。

25 巻き芯をきっちり引いて引き締め、余分な芯をカットする。

26 巻き始めの巻き芯は、右隣の竪芯を1つ飛ばして、2つめの竪芯の左脇から表側へ出す。

27 再度、右隣の竪芯を1つ飛ばして、2つめの竪芯の左脇から裏側へ出す。

28 巻き芯をきっちり引いて引き締め、余分な芯をカットする。

29 右側は「巻き芯を差す位置(P.134)」の●に80cmの巻き芯を差し込む。

30 P.137の**19〜21**と同様に巻き芯を手芯の根元に6〜7回巻きつけ、裏側へ出す。

31 P.137〜138の**22〜28**と同様に巻き芯の両端を始末する。

4 持ち手をつける（後ろ面）

基本は前面と同様につけるが、巻き芯の巻き順が前面とは逆になり、さらに巻きつける方向が変わることに注意する。

1 手芯を差し込み、長さを調整し、350cmの巻き芯を前面と同じ要領で巻き始める。まず右端の●「P.134 巻き芯を差す位置1」に巻き芯を差し込んで裏側へ出したら、右回りで手芯に巻きつけていく。

2 手芯の左端まできたら、「巻き芯を差す位置2（P.134）」に表側から裏側へ差し込む。

3 巻き芯を1～2で巻いた芯にぴったり沿わせて折り返す。ゆるみが出ないように丁寧に巻きつけていく。

4 続けて、「巻き芯を差す位置（P.134）」の順番どおりに、巻き芯を巻く作業を全部で5往復くり返す。

5 手芯の右側の根元を前面と同じ要領（P.137～138 ❸-19～28参照）で始末する。左側の根元も80cmの巻き芯を●（前面の1●）に差し、P.138の❸-29～31と同様に始末する。

できあがり

Information

┽ 籐・道具の問い合わせ先

籐・道具セット

籐かご教室 紡ぎ
http://tsumugi-basket.petit.cc

※申し込みはホームページの問い合わせ先よりお願いします。

<工具袋>

青バージョンもあります

籐・工具セット
<セット内容>

籐	丸芯 太さ2mm(300g)1束	工具	ハサミ(16cm／曲刃)
	太さ2.5mm(300g)1束		エンマ(15cm)
	太さ4mm(40cm)2本		目打ち(14.5cm／ステンレス製)
	太さ5mm(40cm)2本		紡ぎオリジナル工具袋(黄または青)

● 購入は3パターンよりお選びいただけます
- A. 本書＋籐・工具セット
- B. 籐・工具セットのみ
- C. 紡ぎオリジナル工具袋(黄または青)のみ

※丸芯のみの販売はしていません。

┽ 撮影に使用した小物類の問い合わせ先

植物
cache-cache
福岡県福岡市中央区薬院1-2-9 #103
☎ 092-751-7387
https://cachehana.exblog.jp/

服
sirone
福岡県福岡市中央区薬院1-14-25
つるやビル1F
☎ 092-737-2226
https://www.sirone.net/

布
CHECK&STRIPE
☎ 078-381-6444
および、吉祥寺店を含む直営5店舗
http://checkandstripe.com/

家具・雑貨
TRAM
福岡県福岡市中央区薬院1丁目6-16
百田ビル202
☎ 092-713-0630
https://tram2002.com/

菓子
la clé
福岡県福岡市中央区赤坂3丁目10番49号
赤坂山愛マンション103号
☎ 092-731-2458
http://lacle-mari.com/

感謝を込めて

中村久美子
水上真由美
木林美紀
鍵山真利

瓜生真弓
中川美紀
笠作優子
伊藤京子

西山眞砂子
福嶋秀作
大塚紘雅

柴田時男

撮影_photo office overhaul 大塚紘雅

著者 作品デザイン・制作・使い方提案・校正

籐かご教室 紡ぎ

柴田典子（長谷川正勝氏に師事）、ヴェルスチャエ柴田麻理子、藤﨑美佐子の親子で「籐かご教室 紡ぎ」を主宰。各々の生活スタイルに合わせて、シンプルながらもしっかりとしたかご作りを提案。

ホームページ tsumugi-basket.jp
Instagram tsumugi_basket

STAFF

ブックデザイン
木村由香利（ニルソンデザイン事務所）

撮影
松本のりこ

イラスト
安藤能子

校正
木串かつこ

モデル
misako

編集
中田早苗

撮影協力
cache-cache
sirone
TRAM
la clé
CHECK＆STRIPE

※問い合わせ先はすべてP.140参照

※本書に記載した商品情報などは2018年11月現在のものです。

籐かご教室「紡ぎ」の
籐編みのかご

著 者	籐かご教室 紡ぎ
発行者	片桐圭子
発行所	朝日新聞出版
	〒104-8011 東京都中央区築地5-3-2
	（お問い合わせ）infojitsuyo@asahi.com
印刷・製本	図書印刷株式会社

©2018 Asahi Shimbun Publications Inc.
Published in Japan by Asahi Shimbun Publications Inc.
ISBN 978-4-02-333249-2

定価はカバーに表示してあります。
落丁・乱丁の場合は弊社業務部（電話03-5540-7800）へご連絡ください。
送料弊社負担にてお取り替えいたします。

本書および本書の付属物を無断で複写、複製（コピー）、引用することは著作権法上での例外を除き禁じられています。また代行業者等の第三者に依頼してスキャンやデジタル化することは、たとえ個人や家庭内の利用であっても一切認められておりません。

※本誌に掲載している写真、作品、製図などを製品化し、ハンドメイドマーケットやSNS・オークションでの個人売買、ならびに実店舗、フリーマーケット、バザーなど営利目的で使用することは著作権法で禁止されています。個人で手作りを楽しむためにのみご使用ください。